प्रायश्चित्त

(नाटक)

प्रायश्चित्त

(नाटक)

जयशंकर प्रसाद

भूमिका

जगन्नाथ प्रसाद शर्मा

वाणी प्रकाशन

प्रकाशन के उत्कृष्टतम 62 वर्ष

सजिल्द प्रथम संस्करण : 2025

vaniprakashan.com

वाणी प्रकाशन

4695, 21-ए, दरियागंज, नयी दिल्ली-110 002

फ़ोन : + 91 11 23273167, 23275710

शाखाएँ

अशोक राजपथ, पटना-800 004, बिहार

कॉफ़ी हाउस कैम्पस, महात्मा गांधी मार्ग, प्रयागराज-211 001, उत्तर प्रदेश

महात्मा गांधी अन्तरराष्ट्रीय हिन्दी विश्वविद्यालय, वर्धा-442 001, महाराष्ट्र

sales@vaniprakashan.in

vaniprakashan@gmail.com

Prayashchit

by Jaishankar Prasad

ISBN : 978-93-7348-069-5

Play

मूल्य : ₹ 300

जी.एस. ऑफ़सेट, दिल्ली-110 095 में मुद्रित

वाणी प्रकाशन का लोगो मक़बूल फ़िदा हुसैन की कूची से

भूमिका

कथानक

इतिहास का आधार

'कामना' और 'एक घूँट' को छोड़कर ' प्रसाद' के सभी नाटक इतिहास को आधार मानकर चले हैं। अपनी कृतियों के उद्देश्य का कथन लेखक ने स्वयं किया है–'इतिहास का अनुशीलन किसी भी जाति को अपना आदर्श संगठित करने के लिए अत्यंत लाभदायक होता है, XX क्योंकि हमारी गिरी दशा को उठाने के लिए हमारे जलवायु के अनुकूल जो हमारी अतीत सभ्यता है, उससे बढ़कर उपयुक्त और कोई भी आदर्श हमारे अनुकूल होगा कि नहीं, इसमें हमें पूर्ण संदेह है। XX मेरी इच्छा भारतीय इतिहास के अप्रकाशित अंक में से उन प्रकांड घटनाओं का दिग्दर्शन कराने की है जिन्होंने कि हमारी वर्तमान स्थिति को बनाने का बहुत कुछ प्रयत्न किया। इसके लिए उसने महाभारत युद्ध के बाद से लेकर हर्षवर्धन के राज्यकाल तक के भारतीय इतिहास को अपना लक्ष्य बनाया है। क्योंकि यही भारतीय संस्कृति की उन्नति और प्रसार का स्वर्णयुग कहा जाता है। जनमेजय परीक्षित से आरंभ होकर यह स्वर्णयुग हर्षवर्धन तक आया है। बीच में बौद्ध काल, मौर्य और गुप्त काल ऐसे हैं जिनमें आर्य-संस्कृति अपने उच्चतम उत्कर्ष पर पहुँची है। अतएव तत्कालीन उत्कर्षापकर्ष के यथार्थ चित्रण के अभिप्राय से लेखक ने

कुछ विशिष्ट प्रतिनिधियों को चुनकर उनके कुलशील और जीवन-वृत्त के द्वारा उस रसोद्बोधन की चेष्टा की है जो वर्तमान को जीवित रखने में सहायता कर सके। जनमेजय, अजातशत्रु, चंद्रगुप्त, स्कंदगुप्त, हर्षवर्धन इत्यादि उस काल

के सर्वोत्तम प्रतिनिधि हैं। इसलिए लेखक ने इन्हीं व्यक्तियों को अपने रूपकों का नायक बनाया है।

असुनिश्चित और असुलिखित भारतीय इतिहास में यत्र-तत्र बिखरी सामग्रियों को एक सूत्र में पिरोने की तर्क संगत चेष्टा 'प्रसाद' की उन विशेषताओं में है, जो वर्तमान हिंदी के अतिरिक्त अन्य साहित्यों में भी कम दिखाई देती है। इतिहास का गंभीर अध्ययन, प्रसंग-परिकलन की बुद्धि और उपलब्ध इतिवृत्तों की संगत एकात्मकता स्थापित करने की अद्भुत क्षमता 'प्रसाद' में दिखाई पड़ती है। 'अजातशत्रु', 'चंद्रगुप्त' और 'स्कंदगुप्त' नाटकों में इसके विशेष निदर्शन प्राप्त हैं। इनमें ऐतिहासिक वृत्तों का बड़ा व्यापक विस्तार है, अतएव प्रसिद्ध घटनाओं के साथ-साथ अनेक इतिहास-प्रसिद्ध पात्रों का योग-निर्वाह करना पड़ा है। जहाँ तक संभव हुआ है इतिहास की मूल प्रकृति का अनुसरण किया गया है और सुसंबद्धता स्थापित की गई है परंतु जहाँ कल्पना का प्रयोग नितांत आवश्यक हो गया है वहाँ नाटककार की स्वतंत्रता का भी 'प्रसाद' ने उपयुक्त आश्रय लिया है।

कल्पना का योग

कल्पना का प्रयोग दो प्रकार से दिखाई पड़ता है। पहला तो इतिहास की जो बातें विकीर्ण होकर एक-दूसरे से दूर पड़ गई हैं उन्हें एक सूत्र में बाँधने के लिए और दूसरा नाटकीय पूर्णता के निमित्त कोरे अनैतिहासिक पात्रों की सृष्टि के लिए। अजातशत्रु की मागंधी और श्यामावती, शैलेंद्र और विरुद्धक एक कर दिए गए हैं। 'स्कंदगुप्त' में दूरवर्ती भटार्क का योग अनंतदेवी के साथ स्थापित करके विरोध-मंडली बलिष्ठ बना दी गई है। स्कंदगुप्त के मालव में राजधानी स्थापित करने की बात इतिहास में सिद्ध न होने पर भी जो स्वीकृत की गई है वह वस्तु स्थिति को देखने से तर्क-विहीन नहीं प्रतीत होती। इसी प्रकार भीमवर्मा के संबंध की स्थापना भी है। भीमवर्मा बंधुवर्मा का भाई था या नहीं, इस विषय में कोई प्रमाण नहीं है, फिर भी वह स्कंदगुप्त के एक प्रांत का शासक अवश्य था। इसी को आधार मानकर 'प्रसाद' ने दोनों को मिला दिया है और जो बहुत असंगत नहीं मालूम पड़ता। खिंगिल इतिहास का हूण-नेता अवश्य है, परंतु वही खिंगिल स्कंदगुप्त से पराजित भी हुआ था, ऐसा इतिहास ने स्वीकार नहीं किया है। शर्वनाग, चक्रपालित और मातृगुप्त की नाटकीय

स्थिति का अनुमोदन भी कल्पना पर ही आश्रित है। इसी प्रकार की कल्पना-जन्य संबंध-योजना 'चंद्रगुप्त' में भी दिखाई पड़ती है। तक्षशिला-गुरुकुल में चाणक्य और चंद्रगुप्त के संबंध-स्थापन में कल्पना का योग है-यों तो दोनों व्यक्तियों का संबंध इतिहासानुमोदित है। चंद्रगुप्त ने मालवों और क्षुद्रकों का सेनापति बनकर सिकंदर का विरोध किया था-ऐसा कोई उल्लेख इतिहास में नहीं मिलता, परंतु सिकंदर का मालव- दुर्ग में चोट खा जाना इतिहास-प्रसिद्ध है। दांड्यायन जैसे महात्मा की स्थिति और सिकंदर का उनके यहाँ जाना इतिहास ने स्वीकार किया है; परंतु वहीं चंद्रगुप्त के विषय में भविष्यवाणी करा देना एक सुंदर कल्पना है। इस प्रकार के अनेकानेक उदाहरण और भी हैं। इसी प्रकार की ऐतिहासिक कल्पना नाटकीय चमत्कार उत्पन्न करने के लिए एकत्र की गई है जो सर्वथा अभीष्ट है। कल्पना का दूसरा प्रयोग इसलिए हुआ है कि नाटकीय प्रसंग मिलाए जाएँ अथवा पात्रों के कुलशील का सुसंबद्ध चित्र उपस्थित किया जाय, ऐसा करने में स्त्री-पात्रों की सृष्टि प्रायः करनी पड़ी है। उनके नामकरण और चरित्र भी कल्पित किए गए हैं–जैसे सुरमा, मालविका, विजया, देवसेना, जयमाला, मंदाकिनी, अलका, दामिनी इत्यादि। जिसका जैसा नाम रखा गया है प्रायः चरित्र भी उसी के अनुसार खड़ा किया गया है। कभी-कभी कुछ नामों के लिए आधार भी मिल गया है-जैसे, देवसेना, वासवी आदि के लिए। इन स्त्री-पात्रों की शुद्ध कल्पना द्वारा सृष्टि हुई है, इसीलिए इनमें लेखक की भावुकता अधिक लक्षित होती है। कल्पना के आधार पर कहीं-कहीं परिस्थितियों की भी रचना कर ली गई है, जिनका उपयोग या तो छूटे हुए अंशों की कड़ी मिलाने के लिए हुआ है या चरित्र की कोई मार्मिकता उद्घाटित करने के निमित्त। चंद्रगुप्त नाटक में चाणक्य का कारावास और उससे मुक्ति, कार्नेलिया के प्रेम के कारण चंद्रगुप्त और फिलिप्स का द्वंद्व, अथवा शर्वनाग के विषयपति बनने के पूर्व का सारा प्रसंग इसी प्रकार की वस्तु है। ऐसी अन्य स्थितियाँ प्रसंगानुसार सभी नाटकों में मिलेंगी। कल्पित पुरुष-पात्रों की अवतारणा भी उसी अभिप्राय से की गई है जिस अभिप्राय से स्त्री-पात्रों की, परंतु थोड़ा-सा अंतर अवश्य है। स्त्री-पात्रों की कल्पना अधिक है; क्योंकि प्रायः कथाएँ राजनीति और इतिहास-संबंधी हैं -- जहाँ पुरुष पात्रों का यों ही उपयोग अधिक होता है और स्त्रियों की आवश्यकता कम पड़ती है।

इसलिए स्त्रियों की काल्पनिक मूर्तियाँ लेखक को अधिक गढ़नी पड़ी हैं। काल्पनिक स्त्री-पात्रों की भाँति कल्पित पुरुष पात्रों के नामकरण और चरित्र में भी साम्य रखा गया है-जैसे, शिखरस्वामी, विकटघोष, महापिंगल इत्यादि, 'अजातशत्रु', 'स्कंदगुप्त' और 'चंद्रगुप्त' नाटकों के प्राय: सभी पुरुष-पात्र ऐतिहासिक हैं, अतएव वहाँ कल्पना को अवकाश नहीं मिल पाया।

परिस्थिति-योजना

संविधान-सौष्ठव के लिए परिस्थिति-योजना का यथार्थ एवं प्रकृत रूप आवश्यक होता है। सत्य बात तो यह है कि इसी आधार पर कार्य की अवस्थाओं और अर्थप्रकृतियों का संबंध-निर्वाह होने से सौंदर्य उत्पन्न होता है। किसी मुख्य अथवा प्रासंगिक घटना तक पहुँचने में इनका योग आवश्यक है। प्रत्येक प्रधान या प्रासंगिक घटना का भी स्वत: पृथक् आरंभ होता है, जो क्रम से वृद्धि पाता हुआ परिणाम तक पहुँचता है। परिस्थिति एवं घटना में कार्य-कारण संबंध रहना चाहिए अन्यथा परिणाम अथवा घटना को लेकर सामाजिक के मन में जिज्ञासा उत्पन्न होती है कि ऐसा कैसे हो गया। साथ ही असंबद्ध घटना अथवा घटनांश का कोई प्रभाव भी नहीं रह जाता। उदाहरण के लिए स्कंदगुप्त के द्वारा कापालिक के हाथ देवसेना की रक्षा का घटनांश लिया जा सकता है। देवसेना और विजया आरंभ में तो सखी रहती हैं, फिर विजया देवसेना की हत्या का कारण बन जाती है, क्यों और किस क्रम से ? इस विरोध का बीज वहाँ पड़ता है जहाँ दोनों सखियों के बीच में आकर बंधुवर्मा सूचना देता है-' हाँ, उनकी (स्कंदगुप्त की) विदाई करनी होगी। संभवत: सिंहासन पर बैठने का-राज्याभिषेक का प्रकरण होगा।' विजया के मन में यहीं से संदेह उत्पन्न होता है। संदेह आवेश में और आवेश विद्वेष तथा विरोध में परिणत होकर उस घटना तक चला जाता है। यह नाटक की कोई मुख्य घटना नहीं है, फिर भी यदि परिस्थितियों का वृद्धि-क्रम बुद्धगम्य न बना होता तो कार्य को देखकर कारण के विषय में जिज्ञासा का भाव बना ही रह जाता। आधिकारिक कथा के नियंत्रण के लिए तो अनेक प्रतिबंध हैं ही, परंतु छोटी-मोटी घटनाओं के लिए भी उसी सिद्धांत का अनुसरण होता है। इन परिस्थितियों की सुसंगत योजना में 'प्रसाद' ने अच्छी प्रतिभा दिखाई है; यही कारण है कि बड़े नाटकों

में भी वस्तु-विन्यास सुसंगठित हो सका है। सभी रचनाओं में परिस्थितियों की उद्भावना और योजना सुसंगत है। चंद्रगुप्त और फिलिप्स का द्वंद्व इसके उदाहरण के रूप में लिया जा सकता है। फिलिप्स के मारे जाने का बीजभूत कारण वहाँ से अंकुरित होता है, जहाँ चंद्रगुप्त ने कार्नेलिया को अपमानित होने से बचाया है। कई अवसरों पर जब-जब चंद्रगुप्त और फिलिप्स का सामना होता है। तब-तब वह विरोध उग्रतर होता जाता है और अंत में एक मृत्यु की घटना घटित ही हो जाती है। यों तो आधिकारिक कथा ऐसी-ऐसी विभिन्न घटनाओं को अपने साथ लगाती हुई चलकर एक सामूहिक प्रभाव उत्पन्न करती है, परंतु यदि किसी एक घटना का अपना अस्तित्व अलग से देखा जाय तो उसके लिए भी परिस्थितियों के वृद्धिक्रम की योजना आवश्यक प्रतीत होगी।

विस्तार-भार

'प्रसाद' के कथानकों में प्राय: अनावश्यक विस्तार भी मिलता है जो वस्तु-संविधान में शैथिल्य उत्पन्न करता है। यह विस्तार तीन प्रकार का दिखाई पड़ता है। प्रथम सोद्देश्य होता है, जिसे हम लेखक की अभिरुचि और सिद्धांत मान सकते हैं। जहाँ विरोध अथवा संघर्ष व्यापक हो जाता है वहाँ कुछ दूर चलकर सक्रियता के समाप्त होने पर भी यह दिखाने की आवश्यकता हो सकती है कि किन कारणों से और किन-किन परिस्थितियों में उस विरोध-भाव का दमन होता है। सक्रियता के अभाव में ऐसा स्थल नीरस और अवसाद जनक हो जाता है। इसके उदाहरण 'राज्यश्री' और 'अजातशत्रु' के अंतिम अंक के अधिकांश हैं। प्रधान कथा की धारा के साथ चलने से फिर भी यह विस्तार उतना अधिक अरोचक नहीं लगता जितना निरर्थक उत्पन्न किया हुआ विच्छिन्न विस्तार-भार। ऐसा विस्तार उन स्थलों पर दिखाई पड़ता है जहाँ कथा की प्रकृति धारा रोककर लेखक अन्य प्रसंग उठा देता है और फिर है।

उसी को लेकर वाद-विवाद का रूप जमाने लगता है। ऐसे स्थल लेखक के श्रेष्ठ नाटकों में भी मिलते हैं, जो अरुंतुद ज्ञात होते हैं। 'अजातशत्रु' में शक्तिमती और दीर्घकारायण का विवाद इसी प्रकार का है। 'स्कंदगुप्त' में भी विहार के समीप चतुष्पद पर ब्राह्मण और श्रमण का वाक्-संघर्ष अप्रासंगिक

एवं अतिमात्र मालूम पड़ता इस दृश्य के ठीक पहलेवाला दृश्य भी इसी प्रकार निरर्थक है। 'चंद्रगुप्त' में वह दृश्य भी इसी कोटि का है जिसमें कारावास में पड़ा हुआ चाणक्य राक्षस और वररुचि से विवाद करने लगता है अथवा जहाँ शकटार अपनी राम-कहानी एक साँस में कह डालने की चेष्टा करता है। कुछ-न-कुछ इस प्रकार की बातें सभी नाटकों में मिलती हैं। इससे मालूम पड़ता है कि लेखक की यह प्रवृत्ति-सी हो गई है।

इस प्रकार का दूसरा विस्तार है स्वगत भाषण। समय और प्रसंगानुसार यदि अल्पविस्तारी स्वगत भाषण हों तो सहन किए जा सकते हैं, परंतु द्विजेंद्रलाल राय के कथोपकथनों की भाँति यदि अनियंत्रित और अति विस्तृत हों तो अपनी अप्रकृत अतिमात्रा के कारण सुनते-सुनते उद्वेग उत्पन्न करते हैं। बिंबसार, स्कंदगुप्त और चाणक्य के स्वगत भाषण इसके उदाहरण हैं। उनकी आवृत्ति तो और भी खटकती है। तीसरा विस्तार ऐसा भी मिलता है कि साधारण सूच्य बातों के लिए भी पूरे दृश्य के दृश्य खड़े कर दिए गए हैं। यदि निःसंकोच विचार किया जाय तो सभी नाटकों में दो-तीन दृश्य ऐसे मिलेंगे जिन्हें निकाल देने पर न कथा का संबंध बिगड़ेगा और न अन्य प्रकार की ही कोई त्रुटि होगी। उदाहरण के लिए 'स्कंदगुप्त' के दो दृश्यों का उल्लेख हो ही चुका है। इनके अतिरिक्त चतुर्थ अंक का अंतिम दृश्य भी वैसा ही है। 'चंद्रगुप्त' के भी एक ऐसे दृश्य का कथन हो चुका है। उसके अतिरिक्त मालव- क्षुद्रकों का परिषदवाला दृश्य भी शुद्ध सूच्य हो सकता था। अनेक ऐसी बातों के लिए स्वतंत्र दृश्यों की रचना हुई है, जिनकी केवल सूचना ही-किसी प्रकार से क्यों न हो-यथेष्ट थी।

अंक और दृश्य

'प्रसाद' का अंकों और दृश्यों के विभाजन का सिद्धांत एक-सा नहीं दिखाई देता। 'अजातशत्रु' में जैसा अंकों के भीतर दृश्य और तत्सूचक संख्याओं का निवेश किया गया है वैसा 'स्कंदगुप्त' में नहीं। वहाँ नवीन पद्धति से दृश्यों की संख्याओं का विनियोग है। आगे चलकर 'चंद्रगुप्त' में दृश्य शब्द का प्रयोग नहीं है, केवल संख्याओं का उपयोग हुआ है। वस्तुतः बात यह है कि लेखक अंत तक निर्णय नहीं कर पाया है कि 'दृश्य' शब्द का प्रयोग कहाँ तक परंपरानुमोदित एवं समीचीन है; इसीलिए यह परिवर्तन होता गया है। यदि

उसने केवल प्राचीन परिपाटी का ही अनुसरण किया होता तो इस बाधा से बच सकता था। जहाँ उसने उद्घातकों अथवा गर्भांक जैसे सूच्य दृश्यों का, बिना उल्लेख किए प्रयोग किया है वहाँ थोड़ा-सा श्रम स्वीकार करके उसका उल्लेख भी कर सकता था, परंतु ऐसा किया नहीं गया। परिणाम उसका यह हुआ है कि सभी नाटकों में यत्र-तत्र कई ऐसे दृश्य आए हैं जिनकी अभिनय में और पढ़ने में भी कोई आवश्यकता नहीं प्रतीत होती। इसके विपरीत वे निरर्थक एवं भार से लगते हैं। उदाहरण के लिए प्रमुख नाटकों को लेना ही उचित होगा। 'चंद्रगुप्त' के प्रथम अंक का तृतीय और सातवाँ, द्वितीय का पाँचवाँ, सातवाँ और दसवाँ आदि तथा 'स्कंदगुप्त' के प्रथम अंक में पथचारी मातृगुप्त, मुद्गल और कुमारदास (धातुसेन) का प्रसंग, चतुर्थ अंक में धातुसेन और प्रख्यातकीर्ति तथा चतुष्पथ में ब्राह्मण-श्रमण के वाक्-युद्धवाला दृश्य अथवा ऐसे ही और भी अन्य दृश्यों की या तो आवश्यकता ही नहीं थी अथवा इनकी सूचना भर यथेष्ट थी।

अंकों के विभाजन में भी इस अव्यवस्था का कुछ रूप मिलता है। जहाँ कार्य की अव्यवस्थाओं, अर्थप्रकृतियों और संधियों का विचार रखा गया है वहाँ तो कितनी घटनाएँ और प्रसंग एक अंक में आने चाहिए, इसका विचार किया गया है-जैसे, 'चंद्रगुप्त' 'स्कंदगुप्त' और 'ध्रुवस्वामिनी' में; अन्यथा स्पष्ट विभाजन में भी गड़बड़ी है-जैसे, 'अजातशत्रु' और 'जनमेजय का नागयज्ञ' में। यदि यह विभाजनक्रिया किसी निश्चित सिद्धांत पर रही होती तो 'चंद्रगुप्त' पाँच अंक का और 'राज्यश्री' तीन अंक का नाटक होता। अभिनय के व्यावहारिक विचार से अंकों के क्रमानुसार दृश्यों की संख्या में निरंतर कमी होनी चाहिए, परंतु कुछ नाटकों में तो इसका अनुसरण हुआ है और कुछ में नहीं। निर्णय के लिए कुछ नाटकों के क्रम इस प्रकार हैं- 'राज्यश्री' में सात-सात-पाँच-चार, 'विशाख' में पाँच-पाँच-पाँच, 'जनमेजय का नागयज्ञ' में सात-आठ-आठ, 'अजातशत्रु' में नौ-दस- नौ, 'स्कंदगुप्त' में सात छः-छः-सात-छः और 'चंद्रगुप्त' में ग्यारह-ग्यारह-नौ-सोलह, नवीन संस्करण में चौदह। अंतिम चार नाटकों का क्रम विचारणीय है। इसके अतिरिक्त सभी नाटकों में कुछ दृश्य अत्यंत लघु और कुछ अत्यंत विशाल हैं। व्यावहारिकता के विचार से ऐसा भी नहीं होना चाहिए।

वस्तु-विन्यास

भारतीय नाट्यशास्त्र में वस्तु तत्त्व का बड़ा व्यापक नियमन किया गया है। कार्य की अवस्थाओं, अर्थप्रकृतियों तथा संधियों के द्वारा इस तत्त्व के नियंत्रण की व्यवस्था हुई है।

'प्रसाद' का वस्तु-संविधान सभी नाटकों में अच्छा हुआ है। जिसमें उक्त नियमों का विचार अधिक रखा गया है, वे अवश्य ही अन्य ही रचनाओं की अपेक्षा अधिक सुंदर हैं- जैसे, 'चंद्रगुप्त', 'स्कंदगुप्त' और 'ध्रुवस्वामिनी'। इस विचार से 'जनमेजय का नागयज्ञ' और 'अजातशत्रु' उतने अच्छे नहीं उतरे। जिन नाटकों का वस्तु-विन्यास पद्धति के अनुसार हुआ है उनमें संधियाँ ही नहीं, संध्यंगों तक की स्थापना उचित स्थान पर दिखाई पड़ती है-जैसे, 'चंद्रगुप्त' के द्वितीय अंक में प्रतिमुख संधि के अंतर्गत आनेवाले कुछ संध्यंगों का रूप देखा जा सकता है। युद्ध क्षेत्र में संधि के पूर्व सिकंदर और पर्वतेश्वर के कथोपकथन में 'उपन्यास', पाँचवें दृश्य में चंद्रगुप्त और मालविका के संवाद में 'पुष्प', चतुर्थ दृश्य के आरंभ में 'निरोध' (हितरोध), तृतीय दृश्य में कल्याणी जहाँ अपने सैनिकों से बातचीत करती है वहाँ शम और जहाँ वह पर्वतेश्वर से बातें करती है वहा 'प्रगमन', उसी दृश्य के आरंभ में जहाँ चंद्रगुप्त कुछ किंकर्त्तव्यविमूढ़-सा दिखाई पड़ता है वहाँ 'विधूत' (अरति) के रूप देखे जा सकते हैं। कहने का तात्पर्य यह है कि जिन नाटकों में वस्तु-विन्यास शास्त्रीय पद्धति पर हुआ है उनमें तत्संबंधी सभी विशेषताएँ यथास्थान मिल जाती हैं। यही कारण है कि 'प्रसाद' के कथानक में चमत्कारयुक्त आरोहावरोह प्राप्त होता है। संविधानक संबंधी यह सौष्ठव समष्टि-प्रभाव की स्थापना में सर्वदा सहायक बना रहता है।

पात्र

नायक और प्रतिनायक

नाटक के प्रधान पात्र-नायक-में जिन गुणों तथा विशेषताओं का होना आवश्यक है, वे 'प्रसाद' के नायकों में सर्वत्र हैं क्योंकि 'विशाख' को छोड़कर अन्य सभी नाटकों में नायक भारत का सम्राट् ही है। ख्यातवृत्त का प्रधान पुरुष अवश्य ही कुलशील में श्रेष्ठ होगा-ऐसा निश्चित है। स्कंदगुप्त, चंद्रगुप्त मौर्य, गुप्तवंशीय चंद्रगुप्त, जनमेजय इत्यादि सभी विनीत, मधुर, त्यागी, दक्ष, प्रियंवद, शुचि,

लोकानुरंजक, वाग्मी अभिजात, स्थिर, युवा, बुद्धिमान, प्रज्ञावान्, स्मृतिवान, उत्साही, कलावान, शास्त्रचक्षु, आत्मसम्मानी, शूर, दृढ़ तेजस्वी और धार्मिक हैं; साथ ही नाटकीय कथा की शृंखला को आदि से अंत तक जोड़ते जाते हैं। ये सभी नायक महासत्व, क्षमावान, अतिगंभीर, दृढव्रत और आत्मप्रशंसा-शून्य हैं। इनमें गर्व भी दिखाई पड़ता है पर विनयाच्छादित। ऐसी अवस्था में वे सभी धीरोदात्त नायक माने जाएँगे। उक्त गुणों में से अधिकांश अजातशत्रु में भी हैं। परंतु प्रश्न उठता है राज्यश्री और ध्रुवस्वामिनी के विषय में जहाँ नायक ने नहीं नायिका ने प्रमुख स्थान ग्रहण किया है, उन नायिकाओं में भी प्राय: वे सब गुण विद्यमान हैं जिनके कारण नायक का महत्त्व होता है, इसलिए वे रूपक नायक-प्रधान न होकर नायिका-प्रधान कहे जायेंगे। विपक्ष दल के नेता प्राय: धीरोद्धत नायक हैं। ये मायावी, छली, प्रचंड, चपल, असहनशील, अहंकारी, शूर और स्वयं अपनी प्रशंसा करनेवाले हैं। इन गुणों में से अधिकांश भटार्क, राक्षस, आंभीक, रामगुप्त, काश्यप और तक्षक इत्यादि में वर्तमान हैं। 'प्रसाद' के ये विरोधी नेता भी सर्वत्र चारित्र्ययुक्त दिखाई पड़ते हैं।

पताका नायक

प्रधान नायक के ही समान गुण-धर्मवाला व्यक्ति नाटक के प्रासंगिक कथा-भाग का नायक हो सकता है। उसका अपना कोई भिन्न उद्‌देश्य नहीं होता। आधिकारिक नायक के ही कार्य-व्यापार में योग देता हुआ उसी की लक्ष्य-प्राप्ति में सहायता देता चलता है। 'प्रसाद' के नाटकों में पताका नायक का बड़ा भव्य स्वरूप अंकित हुआ है। 'चंद्रगुप्त' नाटक में महाराज पर्वतेश्वर अथवा मालव राजकुमार सिंहरण कुलशील में श्रेष्ठ और उदात्त चरित्र के पात्र हैं। चंद्रगुप्त के समान ही उसके जीवन का ध्येय भी भारत के सम्मान की रक्षा है और अंत तक उसी फल की प्राप्ति में योग देते जाते हैं। अधिकारी नायक के समान गुण-धर्म के कारण यह योग बड़ा अच्छा दिखाई पड़ता है। इसी तरह 'स्कंदगुप्त' नाटक में उज्जयिनी-नरेश बंधुवर्मा है। वह स्कंदगुप्त की अभीष्ट-सिद्धि में अपने जीवन भर लगा रहता है और कुलीन, त्यागशील, वीर, धीर और उदात्त वृत्ति का व्यक्ति है। अतएव यह योग भी बड़ा अनुकूल मालूम पड़ता है।

स्त्री-पात्र

स्त्री-पात्रों का व्यक्तित्व और चरित्र सभी रूपकों में बड़ी तत्परता और कौशल से अंकित किया गया है। इसमें नाटककार की विशेष सिद्धि दिखाई पड़ती है। इसका एक कारण स्पष्ट है। इनकी सृष्टि के मूल में एक निश्चित सिद्धांत उपयोग में लाया गया है। 'प्रसाद' के स्त्री-पात्रों में हृदय की प्रधानता और पुरुष-पात्रों में बुद्धि का वैशिष्ट्य दिखाया गया है। अतएव हृदय की संपूर्ण विभूतियों का प्रसार स्त्रियों में अंकित है। हृदय का विशेष धर्म है भाव प्रवणता। इसके साथ त्याग, सेवा, उदारता और विश्वास का अखंड योग होना भी आवश्यक है तथा भावुकता से भरी हुई कोमल विचार धारा भी होनी चाहिए, जिसके आधार पर आत्मसम्मान जैसी कुछ कठोर वस्तुएँ भी टिक सकें। यही कारण है कि 'प्रसाद' के सभी श्रेष्ठ स्त्री-पात्रों में भावुकता, त्याग और सेवा के साथ-साथ मर्यादापूर्ण आत्मसम्मान का भाव सदैव जागृत दिखाई पड़ता है। इसका भव्य रूप कल्याणी और देवसेना में स्पष्ट है। जहाँ प्रेम के साथ आत्मोत्सर्ग का भाव प्रबल है, वहीं हृदय में अपमान का हलका-सा आघात सहने की रंचमात्र भी शक्ति नहीं है। जो हृदय त्याग में वज्र के सदृश कठोर है वही कुसुम-कोमल भी है। कहीं-कहीं इस कठोर उत्सर्ग के साथ निर्लिप्त और आत्म-निवेदन भी हो जाता है, जैसा कल्याणी और देवसेना में हुआ है। कहीं ऐसा भी हो सकता है कि बिना किसी प्रेम की अभिव्यक्ति किए गौरवपूर्ण ढंग से प्रिय के लिए अपने जीवन की बलि चढ़ा दी जाए, जैसा मालविका ने किया है। प्रेम का ऐसा आदर्श रूप भी इसी विश्व में प्राप्त होता है।

स्त्री-जीवन के वैशिष्ट्यपूर्ण महत्त्व का विवेचन अनेक स्थलों पर हुआ है। इसका हलका-सा प्रयास, 'एक घूँट' में दिखाई पड़ता है, जहाँ आनंद ने स्वीकार किया है- 'आज मेरे मस्तिष्क के साथ हृदय का जैसे मेल हो गया है, इस हृदय के मेल कराने का श्रेय वनलता को है।' इससे वही बात पुष्ट होती है कि 'प्रसाद' ने स्त्री को हृदय का प्रतिनिधि माना है। दूसरा स्थल अजातशत्रु नाटक के तीसरे अंक का चौथा दृश्य है। वहाँ दीर्घकारायण के

मुख से 'प्रसाद' ने स्त्री- महत्त्व का खुलकर प्रतिपादन किया है-' स्त्रियों के संगठन में उनके शारीरिक और प्राकृतिक विकास में ही एक परिवर्तन है

जो स्पष्ट बतलाता है कि वे शासन कर सकती हैं, किंतु अपने हृदय पर। वे अधिकार जमा सकती हैं उन मनुष्यों पर जिन्होंने समस्त विश्व पर अधिकार किया हो'। XX 'मनुष्य कठोर परिश्रम करके जीवन संग्राम में प्रकृति पर यथाशक्ति अधिकार करके भी एक शासन चाहता है, जो उसके जीवन का परम ध्येय है, उसका शीतल विश्राम है, और स्नेह सेवा करुणा की मूर्ति तथा सांत्वना का अभय वरदहस्त का आश्रय, मानव समाज की सारी वृत्तियों की कुंजी, विश्व-शासन की एकमात्र अधिकारिणी प्रकृतिस्वरूपा स्त्रियों के सदाचारपूर्ण स्नेह का शासन है।' XX ' कठोरता का उदाहरण पुरुष, और कोमलता का विश्लेषण है स्त्री-जाति। पुरुष क्रूरता है तो स्त्री करुणा है, जो अंतर्जगत का उच्चतम विकास है जिसके बल पर समस्त सदाचार ठहरे हुए हैं, इसलिए प्रकृति ने उसे इतना सुंदर और मनमोहक आवरण दिया है-रमणी का रूप।' प्रसंग निकालकर इसी प्रकार स्कंदगुप्त नाटक में भी मातृगुप्त और धातुसेन के संवाद द्वारा स्त्री-पुरुष के मौलिक एवं दार्शनिक वैषम्य की व्यावहारिक मीमांसा की गई है। इस अंतर के स्पष्टीकरण की ओर 'प्रसाद' का विशेष आकर्षण दिखाई पड़ता है। अतएव उनकी कृतियों की आलोचना करते समय उस सिद्धांत का विचार आवश्यक है जिसका स्थापन उन्होंने किया है।

स्त्री- महत्त्व के विषय में लेखक के उक्त विचारं के अनुसार ही नाटकों में स्त्री- पात्रों का सृजन हुआ है। जहाँ स्त्री अपनी यथार्थ प्रकृति को छोड़कर उच्छृंखलता के कारण नाना प्रकार की दुरभिसंधियों में पड़ती है; अथवा ऊँचे स्तर पर से उतरने की चेष्टा करती है वहाँ उसमें सुधार की आवश्यकता है-जैसे शक्तिमती, छलना, सुरमा, अनंतदेवी और विजया इत्यादि हैं। इन्होंने अनेक प्रकार के कुचक्र रचे, परंतु उपद्रवों की शांति के साथ उनकी उद्दंड वृत्तियों का भी सुधार हो गया है। इनके विरुद्ध ऐसी स्त्रियाँ भी रूपकों में दिखाई पड़ी हैं जो साधारण होते हुए भी पातिव्रत के श्रेष्ठ गुण से युक्त होने के कारण उज्ज्वल हो उठी हैं। उनकी एकनिष्ठता दिव्य रूप की है। उन्हें आदर्श रूप तो नहीं दिया गया परंतु वे अपने प्रकृत स्वरूप में मनोहर बन गई हैं- जैसे, वपुष्टमा, जयमाला और चंद्रलेखा। इनके अतिरिक्त बाजिरा और मणिमाला जैसी दुलहिनें भी अपनी मर्यादा के कारण यथार्थ रूप धारण किए हैं। इस प्रकार 'प्रसाद' की रंगीन सृष्टि में स्त्रियों का विविध रूप देखने को मिल जाता है।

आदर्श और यथार्थ

आदर्श पात्रों के रूप में चरित्रांकन की परिपाटी से हम परिचित हैं। आदिकाल से हम राम-रावण के रूप देखते चले आ रहे हैं। एक में गुणों का समुच्चय और दूसरे में अवगुणों का ढेर लगाकर एक को अच्छा दिखा देना और दूसरे को बुरा ही बुरा कहना यह पद्धति अति प्राचीन है। चित्रण का यह ढंग सरल भी होता है और सोद्देश्य रचनाओं में यह रूप सरलता से खप भी जाता है, पर इधर पाश्चात्त्य प्रभाव से प्रेरित मनोवृत्ति इसके विरुद्ध हो रही है, क्योंकि उसमें व्यक्तित्व दर्शन की अभिलाषा बढ़ रही है। लोग यथार्थ चित्रण को अधिक महत्त्व देने लगे हैं और साधारणतः मानव-रूप में देवत्व और असुरत्व का सम्मिश्रण मानने लगे हैं। अतएव गुणावगुण का योग परम आवश्यक समझा जाने लगा है। यह यथार्थ-प्रियता व्यक्ति वैचित्र्यवाद की जननी बनकर पूज्य बनती जा रही है।

मूलतः 'प्रसाद' भारतीय पद्धति के ही प्रतिपादक हैं। बाह्य आवरण में भले ही उन्होंने थोड़ी-सी नवीनता अपना ली हो पर उनका अंतर भारतीय रंग में ही रंगा है। यही कारण है कि आदर्श पद्धति का उन्होंने अनुसरण किया है। बलपूर्वक केवल भारतीय सिद्धांत के प्रतिपालन-निमित्त ही उन्होंने ऐसा नहीं किया किंतु सारा ढाँचा ही उसी प्रकार का रखा है। 'नाटक ख्यातवृत्तं स्यात् पंचसंधि-समन्वितम्' का जब उन्होंने पूरा निर्वाह किया तो फिर अवश्य ही ख्यातवृत्त के अधिकारी नायक और उनके पताका नायक भी उसी आधार पर उदात्तवृत्ति के हैं। ऐसी अवस्था में उनका आदर्श रूप हो जाना प्रकृत ही है। सभी नाटकों में अधिकारी नायक और उनके सहायक समान रूप से सच्चरित्र, दिव्य और हमारी प्रशंसा के पात्र हैं। स्कंदगुप्त, चंद्रगुप्त मौर्य, बंधुवर्मा, पर्णदत्त, गुप्त सम्राट् चंद्रगुप्त, सिंहरण इत्यादि सभी आदर्श पात्र हैं। विरोध-पक्ष में भी आदर्श रूप ही चलता तो बात खटकने की संभावना थी। अतएव वहाँ यथार्थ चित्रण की चेष्टा की गई है। इस यथार्थ में भी आदर्श का पुट अवश्य है, क्योंकि उस पक्ष के प्रधान गुण भी अंकित किए गए हैं। भटार्क, राक्षस इत्यादि में दोष-पक्ष प्रबल अवश्य है, परंतु उनमें गुण की भी उपस्थिति स्वीकार की गई है। भटार्क अथवा राक्षस धीर, वीर स्थिरबुद्धि और चुतर भी हैं। इसलिए उन्हें कुछ दूर तक सफलता भी

मिली है। यथार्थ का आधिक्य शर्वनाग, जयमाला, पर्वतेश्वर और आंभीक में है; साथ ही उनमें व्यक्तिवैचित्र्य भी लक्षित होता है। वे अपने प्रस्तुत रूप में अधिक प्रकृत ज्ञात होते हैं।

इन्हीं आदर्श श्रेणी में आनेवाले पात्रों के चरित्रांकन को वर्गगत भी कहा जा सकता है। एक प्रकार के गुण-धर्मवालों का एक वर्ग विशेष स्थापित हो जाता उसी प्रकार यथार्थ पक्ष की दृष्टि से चित्रित व्यक्तित्व-प्रधान पात्रों की वैयक्तिक चारित्र्यवान पात्र कहा जा सकता है, क्योंकि उनमें स्वभाव एवं प्रकृति का वैशिष्ट्य दिखाया जाता है। 'प्रसाद' ने वर्गगत चरित्रांकन अधिक और वैयक्तिक कम किया है। इसमें उनकी अभिरुचि भी थी और विषय का आग्रह भी था। फिर भी एकांगिता से वे सर्वत्र बचते गए हैं

पात्रों की प्रकृति

मनुष्य की प्रकृति सहज होती है। उसी के अनुसार विकास होने से उसके वर्धमान रूप के मूल में उस प्रकृति का प्रभाव दिखाई पड़ता है। यही कारण है कि कोई व्यक्ति सरल और कोई गंभीर होता है। सरल व्यक्ति के जीवन की धारा एक क्रम से निर्दिष्ट मार्ग की ओर अग्रसर होती चलती है और उसका बाह्यांतर एक-सा दिखाई पड़ता है। उसकी स्थिर प्रकृति और प्रवृत्ति के रूप में भी विशेष परिवर्तन नहीं होता। उक्त क्रश रूपवाले व्यक्ति इसी प्रकृति के होते हैं। मार्ग चाहे उनका अच्छा हो अथवा बुरा, उनके समझने में विलंब नहीं होता, क्योंकि वे भीतर-बाहर से एक होते हैं। ऊपर से दिखने में कुछ और मालूम पड़े और सूक्ष्म दृष्टि में कुछ और, ऐसा प्राय: नहीं होता। दूसरे प्रकार के व्यक्ति गूढ़ प्रकृति के होते हैं। इनको समझना सरल नहीं होता। इनके स्थूल बाह्य और सूक्ष्म अंतर में, बड़ा भेद दिखाई पड़ता है; स्वभाव ही इनका गुप्त और गंभीर होता है। इनको बारीकी से देखने पर कुछ अन्य प्रकार की विशेषताएँ मिलती हैं। भले ही इनका संकलित रूप आदर्शात्मक अथवा पतनोन्मुख हो पर इनके कार्य-व्यापारों की सूक्ष्म आलोचना करने पर प्रवृत्ति भिन्न ही दिखाई पड़ेगी। ये हँसते हुए भी रोते रह सकते है और रोते हुए भी हँसते। ऐसे ही लोगों में अंतर्द्वंद्व का प्रसार प्रकृत रूप में दिखाया जा सकता है। इन व्यक्तियों के भीतर-ही-भीतर निरंतर दो विरोधी भावों का संघर्ष होता रहता है और बाहर

ये प्रकृतिस्थ दिखाई पड़ते हैं। सुख-दुःख में समत्व इनके चरित्र की विशेषता होती है। ये धीर, शांत एवं अतीव सहिष्णु बने रहते हैं। 'प्रसाद' की रचनाओं में इस प्रकृति के पात्र भी प्रायः मिलते हैं। 'अजातशत्रु' के बिंबसार, वासवी और मल्लिका इसी प्रकार के पात्र हैं। स्कंदगुप्त और देवसेना में इसी प्रकृति का बाहुल्य है। देवसेना के चरित्र का उद्घाटन बड़ी सुंदरता से हुआ है इसीलिए उसमें इस द्वंद्वात्मक प्रवृत्ति का गांभीर्य दिखाई पड़ता है, दिन-रात की उसकी संगिनी जयमाला उसकी प्रकृति को समझती तो है, पर निश्चय करने में वह भी असमर्थ रहती है। उसकी मुद्रा देखकर कभी-कभी आश्चर्यमय कुतूहल से प्रेरित होकर कहती है–' तू उदास है कि प्रसन्न, कुछ समझ में नहीं आता। जब तू गाती है, तब तेरे भीतर की रागिनी रोती है, और जब हँसती है तब जैसे विषाद की प्रस्तावना होती है।' उसने स्वयं भी अपनी द्वंद्वात्मक स्थिति का प्रकाशन किया है–'नीरव जीवन और एकांत व्याकुलता, कचोटने का सुख सुंदर होता है। जब हृदय में रुदन का स्वर उठता है, तभी संगीत की वीणा मिला लेती हूँ। उसी में सब छिप जाता है।' यह गूढ़ प्रकृति का कितना भव्य रूप है ! स्कंदगुप्त के अंतःकरण में तीव्र अभियान के साथ आद्यंत विराग का द्वंद्व दिखाया गया है। 'चंद्रगुप्त' नाटक में गूढ़ प्रकृति का रूप। चाणक्य में लक्षित है। कात्यायन के इस कथन में वह स्पष्ट हो गया है- 'तुम हँसो मत चाणक्य ! तुम्हारा हँसना तुम्हारे क्रोध से भी भयानक है।' द्वंद्वपूर्ण चारित्र्य की ऐसी भव्य उद्भावना केवल पश्चिम की देन नहीं है। ' वज्रादपि कठोराणि मृदूनि कुसुमादपि ' अथवा ' कालाग्नि सदृशः क्रोधे क्षमया पृथिवी समः ' में चारित्र्य का यही वैषम्य ध्वनित है।

विदूषक

विदूषक पात्रों का सर्जन 'प्रसाद' ने कम किया है, क्योंकि परिहास का अवसर गंभीर और संघर्षपूर्ण स्थिति में मिलता कहाँ है। 'प्रसाद' ने दो रूपों में विदूषकत्व की अवतारणा की है। अधिकतर तो नाटक के पात्रों को परिहासी और विनोदी प्रकृति का बनाकर काम निकाल लिया है-जैसे, महापिंगल, विकटघोष, काश्यप इत्यादि। कहीं-कहीं प्राचीन पद्धति के अनुसार स्वतंत्र रूप में भी विदूषकों की सृष्टि की है, जैसे 'अजातशत्रु' में वसंतक एवं 'स्कंदगुप्त'

में मुद्गल। इन विदूषकों की विशेषता भी प्राचीन पद्धति से ही मिलती-जुलती रखी गई है। राजाओं के अंतरंग मित्र के रूप में रहकर उनकी आलोचना करना, उनकी अभीष्ट सिद्धि में योग देना, समय-समय पर छूटे हुए नाटक के कथांशों को मिलाते चलना, दूतत्व करना और अपने विनोदपूर्ण व्यंग्यों से लोगों को प्रसन्न करते रहना, इनकी मुख्य विशेषताएँ हैं। इन्हीं उद्देश्यों की पूर्ति में वसंतक और मुद्गल भी संलग्न दिखाई पड़ते हैं। जहाँ क्रिया-व्यापार का वेग अधिक हो गया है अथवा परिस्थिति ने अनुग्रह नहीं किया वहाँ विदूषकत्व की केवल गंध भर पहुँच पाई है और उस गंध का भी गला दबा ही रह गया है-जैसे 'ध्रुवस्वामिनी' और 'चंद्रगुप्त' में।

संवाद

प्रयोजन

अन्य प्रकार की रचनाओं में लेखक का व्यक्तित्व प्रत्यक्ष रहने के कारण संवादों के अतिरिक्त अन्य दूसरे उपाय भी रहते हैं जिनके द्वारा वह पात्रों के कुलशील और वस्तुस्थिति का परिचय दे सकता है और आवश्यकतानुसार सबकी आलोचना भी करता है, परंतु नाटक में एकमात्र संवाद ही उसका साधन रहता है। ऐसी अवस्था में नाटकों के संवाद विशेषत: अभीष्ट साधक होने चाहिए। उनकी रचना इस प्रकार की होनी चाहिए कि वे कथानक को अग्रसर करते रहें और चरित्र चित्रण में पूरा योग देते चलें। 'प्रसाद' के नाट्य--संवादों में वे दोनों प्रयोजन सर्वत्र सिद्ध होते हैं-'ओह, तो मेरा कोई रक्षक नहीं ! (ठहरकर) नहीं, मैं अपनी रक्षा स्वयं करूँगी। मैं उपहार में देने की शीतलमणि नहीं हूँ। मुझमें रक्त की तरल लालिमा है। मेरा हृदय उष्ण है और उसमें आत्मसम्मान की ज्योति है। उसकी रक्षा मैं ही करूंगी।' ध्रुवस्वामिनी के इन वचनों में वस्तुस्थिति का निवेदन भी है और चारित्र्य का प्रकाशन भी। उसमें क्षत्राणी की तेजस्विता, दृढ़ता, आत्मसम्मान और स्वावलंबन है-यह एक से प्रकट हो जाता है। यदि संवाद सुगुंफित और सारगर्भित हों तो थोड़े में ही बहुत-सा वक्तव्य व्यक्त कर दिया जा सकता है-' राजकर मैं न दूँगा। यह बात जिस जिह्वा से निकली, बात के साथ ही वह भी क्यों न निकाल ली

गई ? काशी का दंडनायक कौन मूर्ख है ? तुमने उसी समय उसे क्यों न बंदी बनाया ?' अजातशत्रु के इन शब्दों में जहाँ उसका कठोर, उग्र, उद्धतरूप प्रकट हो रहा है वहीं काशी के शासन की दुर्बलता और अव्यवस्था भी ध्वनित हो रही है। इसी प्रकार सर्वत्र संवादों को साभिप्राय बनाने की चेष्टा दिखाई पड़ती है। दूसरा प्रयोजन कथानक को अग्रसर बनाना भी सर्वत्र लक्षित होता है। 'चंद्रगुप्त' और 'स्कंदगुप्त' के प्रथम दृश्य ही इस विशेषता का अच्छा उद्‍घाटन करते हैं। उन्हीं की भाँति अनेकानेक अन्य स्थल भी देखे जा सकते हैं। इस विचार से 'प्रसाद' के कथोपकथन बड़े ही सजीव हुए हैं।

-जगन्नाथ प्रसाद शर्मा

‘प्रसाद’ की नाट्य-कृतियों का काल-क्रम

1. सज्जन-‘इंदु’ कला 2, किरण 8, 9, 10, 11, सन् 1910-11
2. कल्याणी-परिणय-‘ नागरी-प्रचारिणी पत्रिका ‘, भाग 17, संख्या 2, सन् 1912
3. करुणालय-‘इंदु’, कला 4, खंड 1, किरण 2, सन् 1912
4. प्रायश्चित्त-‘इंदु’, कला 5, खंड 1, किरण 1 जनवरी, सन् 1914
5. राज्यश्री-‘इंदु’, कला 6, खंड 1, किरण 1, जनवरी, सन् 1915
6. विशाख-सन् 1921 ; प्रकाशक-हिंदी ग्रंथ भंडार, काशी।
7. अजातशत्रु-सन् 1922; प्रकाशक- हिंदी ग्रंथ भंडार, काशी।
8. कामना-यह रचना सन् 1923-24 में लिखी गई, परंतु पुस्तक-रूप में प्रकाशित होने का समय सन् 1927 दिया है। ‘प्रसाद’ की केवल एक यही रचना ऐसी है जो तीन-चार वर्षों तक अप्रकाशित रही।
9. जनमेजय का नागयज्ञ-सन् 1926; प्रकाशक-साहित्य रत्नमाला कार्यालय, काशी।
10. स्कंदगुप्त-सन् 1928; प्रकाशक- भारती भंडार, काशी।
11. एक घूँट-वस्तुतः यह पुस्तक सन् 1930 में छपी है। पुस्तक में प्रकाशन-काल सन् 1929 दिया है, जो संभवतः इसका लेखनकाल है। प्रकाशक-पुस्तक मंदिर, काशी।
12. चंद्रगुप्त-सन् 1931; प्रकाशक- भारती भंडार, काशी।
13. ध्रुवस्वामिनी-सन् 1933

प्रायश्चित

पात्र-सूची

जयचन्द

मंत्री

सेनापति

मुहम्मदगोरी

शफक।

चर

गोरी के दरबारी

दो विद्याधारियाँ-विहारिणी, विलासिनी

प्रथम दृश्य

[समय-रात्रि; स्थान-कगार, नदी का किनारा-रण-भूमि]
(दो विद्याधरियों का प्रवेश।)

पहली : "क्यों री विहारिणी ! आज कहां घूमने आयी है। यह तो बड़ा भयानक दृश्य है। कोई रण-भूमि है क्या ?"

दूसरी : "विलासिनी ! तुझे तो अपने गन्धमादन-विलास से छुट्टी ही नहीं। क्या मालूम कि संसार में क्या हो रहा है ?"

प. : "मुझे तो सचमुच इधर का हाल कुछ भी नहीं मालूम। हाँ री सखी ! भला यह सब क्या हुआ है ?"

दू. : "हां ! तुझ से क्या कहें, और तुझे इतना भी नहीं ज्ञात है कि हिन्दू-साम्राज्य सूर्य इसी रण-भूमि-अस्ताचल में डूबा है। चौहान कुल-भूषण पृथ्वीराज का इसी युद्ध में सर्वस्वान्त हुआ ?"

प. : "विहारिणी ! भला कह तो, यह वीर कैसे गिराया गया ? क्या उसके हाथ में लोहे की कमान नहीं थी ? क्या उसका साहस क्षीण हो गया था ? आश्चर्य! जिस पृथ्वीराज के भुजबल से अनेक बार यवनसमूह पराजित हुआ है, उसका यह परिणाम ?"

दू. : "विलासिनी ! यदि भाई का शत्रु, भाई न हो-यदि शैलवासिनी सरिता ही श्रृंग को न तोड़े-तो भला दूसरा क्या कर सकता है।"

प. : "क्या किसी नीच भारतवासी का ही काम है ?"

दू. : "हाँ, पृथ्वीराज के श्वसुर जयचन्द का।"

प. : "भला सखी ! मैंने तो सुना था कि जयचन्द ने अपनी कन्या का पाणिग्रहण उनके साथ करा दिया और फिर कोई वैमनस्य न रहा, तब ऐसा क्यों हुआ ?"

दू. : "प्रतिहिंसा आत्मसम्मान और दुर्दमनीय वृत्ति के वशीभूत होकर यह सब हुआ है। स्वयं लड़ नहीं सकता था, लड़ने के लिए साधन चाहिए। और फिर किसके साथ ! जामाता से प्रकाश्य युद्ध कैसे हो, इसलिये यवन बुलाये गये और आर्य साम्राज्य का नाश किया गया।"

प. : "सखी ! हिंसा कैसी बुरी वस्तु है। देख इसने कैसा भयंकर कार्य, किया।"

दू. : "सीधी ! इस रही-सही 'प्रतिहिंसा' को भी भारतवासियों के लिए ईश्वर की दया समझ। जिस दिन इसका लोप होगा, उस दिन से तो इनके भाग्य में दासत्व करना लिखा ही है।"

प. : "विहारिणी ! तेरी बातें तो सब बे सिर-पैर की होती हैं। भला, प्रतिहिंसा भी कोई अच्छी वस्तु है, जिस पर तू इतना कह गई है।"

दू. : "विलासिनी ! जिस दिन से कोई जाति, अपने आत्मगौरव के शत्रु से बदला लेना भूल जाती है, उसी दिन उसका मरण होता है! सब, जब अपने व्यक्तिगत सम्मान की रक्षा करते हैं, तब उस समष्टि रूपी जाति या समाज की रक्षा स्वयं हो जाती है, और नहीं तो अपमान सहते-सहते उसकी आदत ही वैसी पड़ जाती है। फिर शक्ति का उपयोग और नहीं हो सकता, और शक्ति के उपयोग न होने से वह धीरे-धीरे उत्पन्न हो जाती है। इसलिए मैं कहती हूँ कि यह थोड़ी बची हुई प्रतिहिंसा यदि जागृत रही, तो फिर भी मनुष्य अपने को समझ सकता है।"

प. : "तू तो ज्ञान छाँटने लगती है और ऐसी रूखी बन जाती है कि दया का लेश भी छू नहीं जाता। देख, वह प्यास से एक आहत तड़प रहा है। चल, उसे नदी का जल पिला कर तृप्त करें।"

दू. : "ठहर; देख, यह कौन है। अरे यह तो दुष्ट जयचन्द ही है। सखी, तू भी अन्तरिक्ष में हो जा और मैं भी अन्तरिक्ष होकर चाण्डाल से कुछ प्रायश्चित कराया चाहती हूँ। उसी ओर चले।"

(प्रस्थान)

द्वितीय दृश्य

[स्थान-रणभूमि का ही एक हिस्सा। श्मशान-बुझती हुई चिता, अन्धकार]

(जयचन्द का प्रवेश)

जयचन्द : "ह ह ह ह ह, मैं आज पिशाचों की क्रीड़ा देखने आया हूँ। और इस बुझती हुई पृथ्वीराज की चिता को देखकर अपनी हिंसा की आग भी बुझाना चाहता हूँ (ठहर कर) उसके मस्तक को तो नहीं पा सकता, पर उसकी राख को मैं अवश्य अपने पैरों से कुचलूंगा।"

(आकाश से शब्द) : "हाँ रे हाँ, पृथ्वीराज के साथ अपनी त्रैलोक्यसुन्दरी, कन्या की राख को भी तू कुचलेगा।"

जयचन्द : (भीत होकर-साहस के साथ) नहीं, मैं तो अपने शत्रु की राख को बिखेरना चाहता हूँ।"

(आकाश से) : "भला, यह तो बता, तूने अपनी कन्या को कैसा सुख दिया।"

जयचन्द : (गर्व से) "अरे तू है कौन, जो व्यर्थ बक-बक करता है। वह, जब तक कुमारी रही, फूलों में पली, जब युवती हुई, योग्य पति को वरण किया, इससे बढ़कर स्त्री को कौन सुख मिलेगा ?"

(आकाश से) : "नराधम! अब उसकी क्या दशा है?"

जयचन्द : "जो आर्य ललनाओं की होती है। सुन चुकी होगी,

तो मर गई होगी, नहीं तो सुनते ही प्राणत्याग करने का उद्योग करेगी।"

(आकाश से) : "दुष्ट इसी चिता की धूलि में उस फूल का भी पराग मिला हुआ है, जिसे तू कुचलेगा।"

जयचन्द : (करुणार्द स्वर से) "क्या संयोगिता सती हो गयी ?"

(आकाश से) : "हाँ, तूने ही तो अपने हाथ से उसके सती होने की तैयारी की थी।"

जयचन्द : "क्षत्राणी थी। यह ठीक भी था। पर हाय संयोगिते! तू अभी बिना कली की आशालता थी, यही दु:ख है – (मोह)"

(आकाश से) : "क्यों अब रोने लगा ? कुचल, उस राख को कुचल, अपनी छाती ठंढी कर !"

जयचन्द : (आकाश की ओर देखकर) "हाय, संयोगिते ! मैंने तुझे कुछ भी सुख न दिया ! अपने स्वार्थ के लिए अपनी जिघांसावृत्ति की तृप्ति के लिए, अपने पाले हुए हरिणशावक पर ही शर-सन्धान किया।"

(आकाश से) : "अभी क्यों रोता है, अभी तो तुझे बहुत रोना पड़ेगा। तू ही नहीं, तेरे इस कार्य से सारे भारतवासियों को रोना पड़ेगा। और उनके घृणा-प्रकाश करने पर तेरी आत्मा सदा रोती रहेगी। पहले, अपने लगाये हुए विष-वृक्ष के फल को चख, फिर तू उसी लकड़ी से जलाया जायगा कि नहीं, इसकी खोज पीछे करना। अपनी प्रतिहिंसा से तृप्त हो जा। इस राख को, जिसमें संयोगिता और पृथ्वीराज की राख मिली हुई है, अपने पवित्र चरणों से पवित्र तो कर दे।"

जयचन्द : "भाई तुम कौन हो, क्यों मुझे सता रहे हो।"

(आकाश से) : "अभी तो तू यहाँ पिशाचों की क्रीड़ा देखने आया था और मैंने भी सोच रक्खा था, कि तू भी किसी नरपिशाच से कम नहीं। देखें किसकी क्रीड़ा अच्छी होती है।

पृथ्वीराज की खोपड़ी एक पिशाच के हाथ में दे और संयोगिता की तू ले। दोनों लड़ा कर देख, कौन फूटती है।"

जयचन्द	:	"हाय-हाय ! मुझ से घोर दुष्कर्म हुआ।"
(आकाश से)	:	"और तुझे घोर प्रायश्चित भी करना होगा।
जयचन्द	:	(हाथ जोड़कर) "तुम सच में कोई देवदूत हो। कृपाकर यह बतलाओ कि इसका क्या प्रायश्चित है। मैं उसे अवश्य करूंगा।
(आकाश से)	:	"जामातृवध के लिए शत्रु वध, और देशद्रोह के लिए आत्मवध।"
		(जयचन्द मूर्छित होता है। एक मन्द प्रकाश के साथ पटाक्षेप)

तृतीय दृश्य

(राजभवन-कन्नौज)

जयचन्द : "मन्त्रिवर, उस छली यवन ने क्या विजित भूमि देना अस्वीकार किया ?"

मंत्री : "हाँ महाराज ! वह कहता है, कि यदि महाराज को फिर दिल्ली का राज्य मिल जायेगा, तो उसको कई बार दिल्ली विजय करना पड़ेगा। इसलिए वह झंझट नहीं बढ़ाना चाहता।"

जयचन्द : मन्त्रिवर ! क्या सारे पाप का यही परिणाम हुआ ?"

मंत्री : सो तो हुआ महाराज !

जयचन्द : "नहीं मंत्री महाशय, ऐसा नहीं होगा। देखो जब दिल्लीराज ने इस पृथ्वीराज को अपना महाराज्य समर्पित किया था, उसी समय मेरे हृदय-वन में एक विषवृक्ष का बीज, बड़े विषैले कांटे से खोद कर गाड़ा गया। अब उस वृक्ष को उखाड़कर क्या उसका सुख न भोग सकूंगा ?"

मंत्री : "महाराज के हाथों भारत-दुर्भाग्य ने सब कुछ कराया। क्या आश्चर्य है, कि यह भी हो जाय।"

जयचन्द : (खड़ा होकर) "नहीं, नहीं ! खड्गबाल से सहायता मिलेगी। जयचन्द निरा कायर नहीं है। इस थके हुए लुटेरे को, जिसका बल क्षीण हो गया है, विजय कर लेना कौन-सी बड़ी बात है।"

मंत्री : "आप जो न करें सो थोड़ा है। मैं आपको सलाह क्या

दे सकता हूँ, पर इतना अवश्य कहूँगा, कि आप भी सन्नद्ध रहिये। यवन भी इसी ध्यान में है कि अभी पृथ्वीराज अधमरा है।"

जयचन्द : "मंत्री महाशय, सैन्य सुसज्जित रखने के लिये सेनापति के पास आज्ञापत्र भेज दो। किन्तु फिर युद्ध... अच्छा (चमक उठता है) हैं, यह क्या ? वह दूर कैसा धुंधला उजाला हो रहा है ? अरे... इसमें कोई आकृति, हां हां वही तो हैं, संयोगिता..."

मंत्री : "महाराज ! क्या आपको भ्रम हो रहा है ? कहां ध्यान है।"

जयचन्द : "भ्रम नहीं, मन्त्रिवर, भ्रम नहीं होता है। मैंने प्रायश्चित करने की प्रतिज्ञा की है।"

मंत्री : "कैसा प्रायश्चित महाराज ?"

जयचन्द : "पाप का। मंत्री, जिसे मैंने किया है। देखो, मन्त्रिवर एक पुच्छ-मर्दिता सिहिनी-मूर्ति प्रायश्चित्त करने को अपनी उँगली उठाकर मुझे चिताती है। देखो, वह..."

मंत्री : "महाराज ! आप कैसी उन्मत्त की-सी बातें कर रहे है? यह समय धैर्य का है। आप को एक प्रबल शत्रु से सामना करना है, उसके सामने क्या आप इसी तरह से रक्षा करेंगे ?"

जयचन्द : "क्या कहा, शत्रु कहां है। सभी तो हैं। तुम भी हमारे शत्रु हो। क्या तुम नहीं हो ? संसार ही शत्रु है, उससे क्या करें। बोले, कहो कौन मित्र है ?"

मंत्री : "महाराज, सावधान हूजिये, बड़ा विषम समय है।"

जयचन्द : "हां मंत्री, क्या कहा विष ? हां, यह भी तो प्रायश्चित का एक उपकरण है?"

मंत्री : "हा शोक !"

(जाता है)

(राजा जयचन्द स्तब्ध बैठ जाता है)

[पट-परिवर्तन]

चतुर्थ दृश्य

(दिल्ली दरबार, मुहम्मद गोरी सिंहासनासीन)

दरबारी : "शाहंशाह को तख्ते हिन्दोस्तान मुबारक हो।"

मुहम्मद : "बहादुर सरदारो ! दीन इस्लाम को तख्ते हिन्दोस्तान मुबारक हो।"

मुहम्मद : "आमीं, आमी।"

मुहम्मद : "बहादुर शफ़क़त! आज सचमुच हिन्दोस्तान हलाली झंडे के नीचे आ गया। और यह सब तो एक बात है, दर असल खुदाये पाक को अपने पाक मजहब को जीनत देना मंजूर है। नहीं तो भला इन फौलादी देवजादे हिन्दुओं पर फतह पाना क्या मुमकिन था।"

दरबारी : "कभी नहीं, हरगिज नहीं।"

शफ़क़त : "लेकिन हुजूर रायपिथौरा भी एक ही देवसूरत और बहादुर शख्स था। बेहोश होने पर ही कब्जे में आया।"

एक दरबारी : "अजी, क्या उस मूजी की तारीफ करते हो।"

मुहम्मद : "नहीं अनवर ! तुम भूल करते हो । हकीकत में वह शख्स काबिल तारीफ था। और मुसलमानों को भी वैसा ही मजहब का पक्का होना चाहिए। देखो, कितनी बेरहमी से उसका कत्ल किया गया, मगर उस काफिर ने पाक दीन इस्लाम को नहीं कुबूल किया। वाकई बहादुर था।"

दरबारी : (सर झुकाकर) "बजा इर्शाद।"

शफ़क़त	:	"मगर हुजूर ! कमबख्त, काफिर जयचन्द भी खूब ही छका। उसने समझ रक्खा था कि 'तख्ते देहली हमीं को मिलेगा।' आप के जवाब ने तो उस पर कोह ढहा दिया होगा। चकनाचूर कर दिया होगा।"
मुहम्मद	:	(हँसकर) "एक ही बेवकूफ है। पूरा उल्लू बना। (कुछ सोच कर) मगर शफ़क़त, इस दुश्मन को भी लगे हाथ न कमजोर करेंगे तो यह भारी नुकसान पहुँचावेगा।"
दरबारी	:	(खड़े होकर तलवार निकालकर) "शाहंशाहे आलम ! जंग ! फतह !!"
मुहम्मद	:	बहादुर सरदारो। बैठो। आज फतह की खुशी मनाओ। कल इसका बहुत जल्द इन्तजाम होगा।" (इनाम देता है)

पञ्चम दृश्य

(दुर्ग का एक भाग)

(जयचन्द और मंत्री)

जयचन्द : "मंत्री ! उन दुष्ट राजाओं ने क्या उत्तर दिया ?"

मंत्री : "महाराज ! किसी ने कहा कि-'क्या महाराज फिर कोई राजसूय यज्ञ करेंगे, जो बुलावा हो रहा है ? अच्छा उपहार की सामग्री एकत्र कर के आता हूँ।' किसी ने कहा-'मैंने महाराज की आज्ञा से सेना घटा दी है। जब सब सेना एकत्र होगी, तब आऊँगा।' किसी ने उत्तर दिया कि-'जहाँ तक हो सकेगा शीघ्र आऊँगा।"

जयचन्द : "कहो, कहो, सत्य और शीघ्र कहो।"

मंत्री : "महाराज ! किसी-किसी ने यह भी कहा है कि हम देशद्रोही का साथ न देंगे। यदि यवन लोग आप से चढ़ आते, तो अवश्य हम उनकी सहायता करते, पर जब उन्होंने स्वयं उसे बुलाया है, तब हम लोग कुछ नहीं कर सकते।"

जयचन्द : "हाँ ! मंत्री ! जयचन्द के अधीन राजाओं और सरदारों को ऐसा कहने का हौसला हो गया ? चलो, अच्छा हुआ। तुमने रक्षा का क्या उपाय सोचा है ?"

मंत्री : "महाराज ! चौहान और राठौर के युद्ध में साहसी शूर और राज-भक्त सेना कट चुकी है, यह तो महाराज को मालूम ही होगा। जो कुछ है, तैयार हो रही है।"

(चर का प्रवेश)

चर : "महाराज की जय हो ! मंत्री महाशय ! अभिवादन करता हूँ।"

मंत्री : "कुशल तो है ? कहो क्या समाचार है ?"

चर : "महाराज ! यवनों की एक बड़ी सेना इसी ओर चुपचाप बढ़ती चली आ रही है। सम्भव है कि पहर-दो-पहर में वह कन्नौज तक पहुँच जाय।"

जयचन्द : "मंत्री ! क्या होगा ?"

मंत्री : "महाराज ! आप वीर है, युद्ध के लिए प्रस्तुत होइये।

जयचन्द : (सोचकर) "नहीं मंत्री ! इन मेरी पाप-भूषित भुजाओं में अब वह बल नहीं है कि युद्ध करूं। लो शीघ्र राजकुमार को बुलाओ। यह राज्य उनका है, अब वही इसकी रक्षा करें। मुझसे कोई संसर्ग नही है।"

मंत्री : "महाराज ! वह नये राजकुमार है, भला ऐसे संकट में उनसे रक्षा होगी ?"

जयचंद : "भला मंत्री ! तुम नहीं जानते कि मुझे प्रायश्चित्त करना है। (आकाश की ओर) देखो, देखो, वह कौन मूर्ति है ! हाँ हां, देवि ! क्रुद्ध न हो, मैं अवश्य प्रायश्चित करूँगा। लो मैं जाता हूँ (मंत्री से) मंत्री ! तुम जानो, राजकुमार जाने। कन्नौज राज्य से मेरा कुछ सम्बन्ध नहीं। मैं प्रायश्चित करने जाता हूँ।"

(प्रस्थान पटाक्षेप)

षष्ट दृश्य

स्थान-गंगा-तट

(जयचन्द और साथी)

जयचन्द : "सैनप ! तुम मेरे साथ क्यों आ रहे हो ? क्या यहां भी कोई सेना है ? जाओ, यदि तुम्हारे किये कुछ हो सके, तो कन्नौज की रक्षा करो। और नहीं तो मरने ही की ठीक प्रतिज्ञा हो, तो चलो। गंगा-तट से बढ़कर कौन-सी भूमि है !"

सैनप : "महाराज, वीरों के लिए रण-गंगा से बढ़कर दूसरा पुण्यतीर्थ नहीं है। परन्तु करूँ क्या, मेरे ऊपर आपकी रक्षा का भार है।"

जयचंद : "ह ह ह ह, पर यह भी जानते हो कि मेरे ऊपर कितने पापों का भार है? भला सब तुम्हारे उठाये उठेगा ? मैं तो प्रायश्चित्त करने जाता हूँ, तुम्हारा तो कोई पापकर्म प्रकट नहीं हैं। फिर तुम क्यों चलते हो ? जाओ, जल्दी अपने देश के कार्य में अपने हाथों को लगाओ!"

सैनप : "महाराज आप !"

जयचन्द : "बोलो मत, मैं एक बार फिर उसी गजेन्द्र पर चढ़कर प्रायश्चित करूँगा, जिस मदान्ध पर चढ़कर मैं भी मदान्ध हो गया था। हाँ सैनप, एक बात कहना मैं भूल गया था। कन्नौज निवासियों से कह देना कि तुम्हारे पापी राजा ने, जिनकी तुम लोगों ने बहुत-सी आज्ञाएँ

मानी है, एक अन्तिम प्रार्थना यह की है कि यदि हो सके, तो शहाबुद्दीन का बध करके उसकी रक्तधारा से दो-एक अंजुली, जयचन्द के नाम पर देना, क्योंकि पापियों को नरक में यही पीने को मिलता है। बस, जाओ।"

(सैनप का प्रस्थान, जयचन्द का गजारोहण, और गंगा में धँसना)

जयचंद : बस महाशय ठहरो ! (आकाश की ओर देखकर) देवि ! एक तो मैं नही कर सका; पर दूसरा तो मेरे वश में है, वह प्रायश्चित करता हूँ। देशद्रोह के लिए आत्म-वध। हाँ फिर, इससे बढ़कर दूसरा कहाँ है ? पतित पावनी प्रणाम (कूद पड़ता है)

(पटाक्षेप)

राज्यश्री (नाटक)

पात्र-परिचय : राज्यश्री (नाटक)

राज्यश्री : कन्नौजराज ग्रहवर्मा की रानी

अमला, कमला, विमला : राज्यश्री की सखियाँ

सुरमा : एक मालिन

हर्षवर्द्धन : स्थाण्वीश्वर का राजकुमार; फिर भारत का सम्राट्

दिवाकरमित्र : एक महात्मा

नरेन्द्रगुप्त : गौड़ का राजा

राज्यवर्द्धन : स्थाण्वीश्वर का बड़ा राजकुमार

भण्डि : सेनापति

नरदत्त : मालव का सैनिक

सुएनच्वा : चीनी यात्री

पुलकेशिन : चालुक्य-नरेश

धर्मसिद्धि; शीलसिद्धि : दो भिक्षु

शान्तिदेव : भिक्षु फिर दस्यु विकट घोष

देवगुप्त : मालवराज

मधुकर : उसका सहचर

ग्रहवर्मा : कन्नौज का राजा

दौवारिक, सहचर, प्रहरी, दस्यु, सैनिक, प्रतिहारी, दूत, मंत्री, नागरिक इत्यादि।

प्रथम अंक-प्रथम दृश्य

(नदी-तट का उपवन)

शान्तिदेव - सुरमा, अभी विलम्ब है।

सुरमा - क्या विलम्ब है प्रियतम, देखो मैं मल्लिका का क्षुप सींचती हूँ; यह भी मुझे वंचित नहीं रखता - छाया, सुगन्ध और फूलों से जीविका देता है, किन्तु तुम ! कितने निष्ठुर हो ! तुम्हारी आंखों में दया का संकेत भी नहीं।

शान्ति. - मैं भिक्षु हूँ सुरमा ! संसार ने मुझे एक ओर ढकेल दिया है— मैं अभी उसी ढालुवें से ढुलक रहा हूँ। रुकने का, सोचने का, अवसर नहीं। मुझे तुम्हारी बात, तुम्हारा स्नेह, एक विडम्बना—एक धोखा-सा जान पड़ता है।

सुरमा - विश्वास करो ! मैं आजीवन किसी राजा की विलास-मालिका बनाती रहूँ- ऐसा मेरा अदृश्य कहे, तो भी मैं मान लेने में असमर्थ हूँ। मेरी प्राणों की भूख आँखों की प्यास, तुम न मिटाओगे ?

शान्ति. - यह तो हुई तुम्हारी बात, परन्तु मैं क्या चाहता हूँ—यह मैं अभी स्वयं नहीं समझ सका हूँ।

सुरमा - मैं समझ गयी; तुम फूल लेने आकर नित्य बातें बना जाते हो। मुझे एक साधारण पुष्पवाली समझते हो न ! और तुम, ठहरे कुलीन क्षत्रिय, तिस पर भिक्षु !!

शान्ति. - ठहरो सुरमा ! जीवन की दौड़ बहुत लम्बी है, उसकी

अभिलाषा के लिये इतना चंचल न होना चाहिए।

सुरमा - तुम निद्रय हो, मेरी आराधना का मूल्य नहीं जानते—भिक्षु ! तुम्हारा धर्म उसके सामने -

शान्ति. - उतावली न हो सुरमा ! परीक्षा देने जा रहा हूँ; साथ ही भाग्य की परीक्षा भी लूंगा ! महारानी राज्यश्री एक दिन भिक्षुओं को दान देंगीं, मैं भी देखूँगा कि भाग्य मुझे किस ओर खींचता है। फिर मैं तुमसे मिलूँगा।

(प्रस्थान)

(देवगुप्त का प्रवेश)

देव. - वाह ! जैसा सुन्दर यह उपवन है, वैसी ही मालिन ! क्यों जी, तुम्हारा नाम तो सुनूँ !

सुरमा - (सलज्ज) मुझे लोग सुरमा कहते है।

देव. - नाम तो बड़ा सुरुचिपूर्ण है ! भला, मैं तुम्हारे इस उपवन में कुछ दिन ठहर सकता हूँ ?

(सुरमा देवगुप्त को देखती है)

देव. - तुम तो बोलती भी नहीं हो। यह तुम्हारा मल्लिका का बाल-व्यंजन तो अभी अधबना ही है—धन्य तुम्हारी शिल्प-कुशलता !

सुरमा - मैं अकेली इस उपवन में रहती हूँ, आप एक विदेशी !

देव. - तो इससे क्या ? सब अकेले ही तो संसार-पथ में निकलते हैं, किसी का मिल जाना, यह तो उसके भाग्य की बात है। देखो मुझे यदि तुम न मिल जाती, तो कौन आश्रय देता ? (हँसता है)

सुरमा - (स्वगत)—यह कैसा विलक्षण पुरुष है ? उत्तर देते भी नहीं बनता, क्या करूँ ?

देव. - तो मैं तुम्हारे इस उद्यान में दो घड़ी तो विश्राम अवश्य करूँगा। फिर चाहे निकाल देना।

सुरमा - अच्छी बात है। मैं अपनी पुष्प-रचना लेकर राज-मन्दिर जाती हूँ, तब तक आप यहाँ विश्राम कर लीजिये।

देव.	-	तो क्या तुम राज-मन्दिर में भी जाती हो ?
सुरमा	-	हाँ ! वहीं से तो मेरी जीविका है !
देव.	-	अच्छी बात है सुरमा; तुम हो आओ ! मैं तब तक थकान मिटाता हूँ। (एक वृक्ष के नीचे बैठ जाता है—सुरमा माला बनाती हुई उसे कनखियों से देखती जाती है)
देव.	-	वाह ! कितना सुरभित समीर है। घ्राण तृप्त हो गया ! मस्तिष्क जैसे हँसने लगा और ग्लानि का तो कहीं पता नहीं ! सुरमा, तुम्हारा स्थान कितना सुरम्य है ! (देखकर)—अरे तुम्हारा बाल-व्यंजन बन भी गया, कितना सुन्दर है ! उन कोमल हाथों को चूम लेने का मन करता है—जिन्होंने इसे बनाया।
सुरमा	-	(हँसती हुई) आप तो बड़े धृष्ट है... मैं अब तो जाती हूं। (अपनी पुष्प-रचना लेकर इठलाती हुई जाती है)

प्रथम अंक-द्वितीय दृश्य

(कान्यकुब्ज के राजमन्दिर का एक प्रकोष्ठ)

ग्रहवर्मा	-	(राज्यश्री के साथ चिन्तित भाव से प्रवेश करते हुए)—प्रिये, मेरा चित्त आज न जाने क्यों उदासीन हो रहा है, चेष्टा करके भी मैं उसे प्रसन्न नहीं कर पाता हूँ। अनेक भावनाएँ हृदय में उठ रही है, जो निर्बल होने पर भी उसे उद्विग्न कर रही हैं।
राज्यश्री	-	नाथ, आप जैसे धीर पुरुषों को—जिनका हृदय हिमालय के समान अचल और शांत है—क्या मानसिक व्याधियाँ हिला या गला सकती है ? कभी नहीं।
ग्रह.	-	इस विश्वव्यापी वैभव के आनन्द में यह मेरा हृदय संशक होकर मुझे आज दुर्बल बना रहा है।

राज्यश्री - शंका किस बात की, प्रियतम ?

ग्रह. - पुण्यभूमि महोदय का सिंहासन, सरल और अनुरक्त-प्रजा; सुजला-शस्य-श्यामला उर्वरा भूमि, स्वास्थ्य का वातावरण और सबसे सुन्दर उत्तरापथ का कुसुम यह पवित्र मुख—मेरा है, अपना है; फिर भी...

राज्यश्री - (संकुचित होती हुई)—तब भी, क्या ?

ग्रह. - तब भी यही कि यह सुदूर-व्यापी नील आकाश कितने कुतूहलों का, परिवर्तनों का क्रीड़ा-क्षेत्र है। यह आवरण है भी कितना काला—कितना...

राज्यश्री - बस नाथ, बस। क्या हृदय को दुर्बल बनाकर अनुशोचन बढ़ा रहे हो !

ग्रह. - मनुष्य-हृदय स्वभाव-दुर्बल है। प्रवृत्तियाँ बड़ी-बड़ी राजशक्तियों के सदृश इसे घेरे रहती हैं। अवसर मिला कि इस छोटे-से हृदय-राज्य को आत्मसात् कर लेने को प्रस्तुत हो जाती है !

राज्यश्री - व्यर्थ चिन्ता ! हृदय को प्रसन्न कीजिये। सम्भव है कि संगीत में मन लग जाय, बुलाऊँ गानेवालियों को ?

ग्रह. - नहीं प्रिये, क्षत्रियों का विनोद तो मृगया है। इच्छा होती है कि सीमाप्रान्त के जंगल में कुछ दिनों तक मन बहलाऊँ।

राज्यश्री - जैसी इच्छा, मुझे भी आज भिक्षुओं को दान देना है।

ग्रह. - अच्छी बात है।

(प्रस्थान)

प्रथम अंक-तृतीय दृश्य

(सुरमा का उपवन)

देवगुप्त - मालव-नरेश, में छद्मवेश में अनेक देश देखता फिरा, किन्तु उस दिन मदनोत्सव में जो आनन्द-दायक दृश्य

यहाँ देखने में आया, वह क्या कभी भूलने को है! राज्यश्री ! आह कितना आकर्षक—कितना सौन्दर्यमय वह रूप है।

(मधुकर का प्रवेश)

मधु. - महाराज, मालव से एक दूत आया है।

देव. - उसे बुला लो मधुकर, मैं अब कुछ दिन यहीं अपना निवास रखूंगा।

(मधुकर जाता है, दूत के साथ फिर आता है)

दूत. - जय हो देव !

देव. - कहो क्या समाचार है ?

दूत. - महाराज के अनुग्रह से सब मंगल है। मन्त्रिवर ने यह प्रार्थना-पत्र श्री चरणों में भेजा है। (पत्र देता है)

देव. - (पढ़ता है)—'स्वास्ति श्री इत्यादि महाराज की... आज्ञा के अनुसार वीरसेन सेना के साथ निर्दिष्ट स्थान पर प्रेरित हो चुके हैं। और भी एक सहस्र सैनिक दूत के साथ ही अनेक वेशों में आपके समीप उपस्थित है। संकेत पाते ही एकत्र हो सकेंगे। किन्तु देव, परिणाम-दर्शी होकर कार्य आरम्भ करें—यही प्रार्थना है। (हँसकर पत्र फाड़ता हुआ) मंत्री वृद्ध हो गये हैं ! जाओ विश्राम करो

(दूत जाता है)

(सुरमा का प्रवेश)

देव. - आओ सुरमा; यह मेरा साथी एक और श्रेष्ठि आ गया है, तुम्हें कष्ट तो न होगा ?

सुरमा - (माला एक ओर रखती हुई)—कष्ट ! ओह ! कष्टों का तो अभ्यास हो गया है। अभी राज-मन्दिर से हो आयी। सुना है कि महाराज मृगया के लिए सीमाप्रान्त चले गये हैं। मैं उन विभव-विलास के प्रदर्शनों को, उपकरणों को, अपनी दरिद्रता की हँसी उड़ाते देखती हुई, लौट आयी हूँ। यह माला, यह मल्लिका का बाल-

व्यंजन क्या होगा- मेरा दिन-भर का परिश्रम।

देव. - (सहानुभूति)—तो मैं इसे ले सकता हूँ सुरमा !

सुरमा. - आप ? ले लीजिये।

देव. - तुम्हारे महाराज कुपित न होंगे।

सुरमा - होना है सो हो जाय—श्रेष्ठि, मैं राजा को देखकर बड़ा डरती हूँ ! वहाँ जाना होता है तो मैं जैसे आग में, पानी में जा रही हूँ। पैर काँपने लगते हैं—मानों भूकम्प में चल रही हूँ !

देव. - और यदि मैं भी कहीं का राजा होऊँ सुरमा !

सुरमा - (देखकर)—तुम ! तुम राजा नहीं हो सकते; असंभव है। तुम तो हमारे-जैसे ही लाग हो, तुम्हारी मुख की ज्योति—उहूँ, तुम और चाहे कुछ बन जाओ, राजा नहीं हो सकते।

देव. - वाह सुरमा ! तुम सामुद्रिक भी ज़ानती हो !

सुरमा - (पास बैठ कर)—अहा ! कितनी सुहावनी रात है—चन्द्रिका के मुख पर कुहरे का अवगुण्ठन नहीं। स्वच्छ अनन्त में देवताओं के दीप झलमला रहे हैं—कितना सुन्दर है !

देव. - (स्वगत)—कितनी भावनामयी यह युवती है—अवश्य इसके हृदय में महत्त्व की आकांशा है—(प्रकट)—क्यों सूरमा, ऐसी रात तो सुन्दर संगीत खोजती है- तुम कुछ गाना भी जानती हो ?

सुरमा - (कृत्रिम क्रोध से)—वाह ! आप तो धीरे-धीरे हाथ-पांव फैलाने लगे !

देव. - (अनुयय से)—सुन्दरी एक तान ! अपराध क्षमा हो ! विदेश की यह रजनी आजीवन स्मरण रहेगी—दुहाई है !

सुरमा - मैं जानती हूँ कि नहीं, यह नहीं जानती, पर गाती हूँ—कभी-कभी अपने दुःखी दिनों पर रोती हूँ अवश्य !

देव. - वही सही सुरमा !

सुरमा - (गाती है) -

आशा विकल हुई है मेरी,
प्यास बुझी न कभी मन की रे !
दूर हट रहा सरवर शीतल,
हुआ चाहता अब तो ओझल,
झुक जाती है पलकें दुर्बल !
ध्वनि सुन न पड़ी नव धन की रे !
ओ बेपीर पीर ! हूँ हारी,
जाने दे, हूँ मैं अधमारी,
सिसक रही घायल दुखियारी -
गाँठ भूल जीवन-धन की रे !
आशा विकल हुई है मेरी

प्रथम अंक-चतुर्थ दृश्य

(प्रकोष्ठ में मंत्री)

दूत - (प्रवेश करके)—आर्य ! भयानक समाचार है !

मंत्री - क्या है ?

दूत - सीमाप्रान्त के कानन में महाराज तो सुख-मृगया-विनोद में दिवस-यापन कर रहे है; किन्तु ...

मंत्री - कहो-कहो, किन्तु क्या ?

दूत - युद्ध की आशंका है। मालवेश्वर की सीमा हमारी सीमा से मिली हुई हैं अकारण उनकी सेना आजकल सीमा पर एकत्र होने लगी है और महाराज को चिढ़ाने के लिए जान-बूझ कर धृष्टता की जा रही है। इसलिए महाराज ने कहा है कि सेनापति को सेना के साथ शीघ्र यहाँ आ जाना चाहिए।

मंत्री - किन्तु जैसे समाचार नगर के मुझे मिले हैं, उससे तो मैं स्वयं सशंक हो रहा हूँ। मुझे कान्यकुब्ज के भीतर नागरिकों में कुछ सन्देहजनक व्यक्ति होने का पता चला है।—(कुछ सोचकर)—अच्छा, तुम महाराज से कहना कि मैं सैन्य भेजता हूँ, पर आद्यन्त सावधान रहने की आवश्यकता है। मैं नगर-रक्षा के लिए थोड़ी सेना लूँगा, क्योंकि स्थाण्वीश्वर से सहायता मिलने में अभी विलम्ब होगा। मैं वहाँ भी सन्देश भेजता हूँ।

(दूत का प्रस्थान) तो अब महारानी को भी समाचार देना चाहिए। अब स्मरण आया—आज तो वह दान-पर्व में लगी होंगी। तो चलूँ वहीं। सेना भी तो भेजनी है। जरा भी कैसी भीषण व्याधि है! अहा ! हम लोग इसे नित्य देखते हैं, पर तथागत के समान किसने इस दृश्य से लाभ उठाया ? इतने दिन काम किया; अब भी तृष्णा तो न छूटी ! चलूँ—मुझे पँहुचने में भी तो विलम्ब होगा। पहले सेनापति से मिलूँ या महारानी से? —(सोचकर)—पहले सेनापति से यही ठीक होगा।

(प्रस्थान)

प्रथम अंक-पञ्चम दृश्य

(देव-मन्दिर में राज्यश्री दान के उपकरण और भिक्षु उपस्थित हैं।)

राज्यश्री - भिक्षुओं को वस्त्र और धन देती है-
शान्तिदेव सामने आता है-तुम्हारा शुभ-नाम भिक्षु ?

शांतिदेव - जय हो ! मेरा नाम शान्तिभिक्षु ...
(रुककर राज्यश्री की ओर देखने लगता है)

राज्यश्री - भिक्षु, तुमने प्रवज्या ग्रहण कर ली है, किन्तु तुम्हारा हृदय अभी...

शांतिदेव - कल्याणी ! मैं, मेरा अपराध -

राज्यश्री - हाँ तुम! भिक्षु! तुम्हे शील-सम्पदा नहीं मिली, जो सर्वप्रथम मिलनी चाहिए।

शांतिदेव - मैं सब ओर से दरिद्र हूँ देवि !—(स्वगत)—विश्व में इतनी विभूति! और मैं - सिर ऊंचा करके अत्यन्त ऊँचाई की ओर देखता हुआ केवल उलटा होकर गिर जाता हूँ—चढ़ने की कौन कहे !

राज्यश्री - क्या सोचते हो, भिक्षु !

शांतिदेव - केवल अपनी क्षुद्रता -

राज्यश्री - तुम संयत करो अपने मन को भिक्षु ! श्लाघा और आकांक्षा का पथ तुम बहुत पहले छोड़ चुके हो। यदि तुम्हारी कोई अत्यन्त आवश्यकता हो, तो मैं पूरी कर सकती हूँ; निश्चिन्त उपासना की व्यवस्था करा दे

सकती हूँ।

शांतिदेव - (स्वगत) इतना सौन्दर्य, विभव और शक्ति एकत्र !

राज्यश्री - तुम चुप क्यों हो, भिक्षु !

शांतिदेव - मुझे जो चाहिए वह नहीं मिल सकता—इसलिये मैं न माँगूँगा।

राज्यश्री - भिक्षु ! मेरा व्रत न खण्डित करो।

शांतिदेव - नहीं, मैं दान न लूँगा; मुझे कुछ न चाहिए।

(प्रस्थान)

राज्यश्री - विमला ! मैं इस प्रसंग से दुखी हो गयी हूँ।

विमला - चिन्ता न कीजिये देवि, पूजन भी तो हो चुका है। अब पधारिये।

राज्यश्री - चलती हूँ सखि ! मेरा हृदय कह रहा है कि महाराज का कोई सन्देश आ रहा है।

विमला - प्रियजन की उत्कण्ठा में प्राय: ऐसा ही भ्रम हुआ करता है।

(प्रतिहारी का प्रवेश)

प्रति. - महादेवी की जय हो ! मंत्री महोदय आ रहे हैं।

राज्यश्री - आने दो।

मंत्री - (प्रवेश करके) महादेवी की जय हो ! कुछ निवेदन...

राज्यश्री - कहिये-कहिये -

मंत्री - सीमाप्रान्त से युद्ध का सन्देश आया है।

राज्यश्री - (स्वस्थ होकर)—मंत्री! इसी बात को कहने में आप संकुचित होते थे! क्षत्राणी के लिए इससे बढ़कर शुभ-समाचार कौन होगा! आप प्रबन्ध कीजिये, मैं निर्भय हूँ। (मंत्री का प्रस्थान)

राज्यश्री - चलो, सब लोग फिर से विजय के लिए प्रार्थना कर लें। (सब प्रतिमा के सामने जाकर प्रार्थना करती हैं। पुष्पाञ्जलि चढ़ाती हैं, मन्दिर में अट्टहास, राज्यश्री मूर्छित होती हैं, अन्धकार)

प्रथम अंक-षष्ठ दृश्य

(सुरमा का उपवन)

देवगुप्त - सुरमा, तुमको जब बड़े कष्ट से उपवन सींचते देखता हूँ और परिश्रम से फूलों को चुनते और उनकी माला बनाते देखता हूँ, तो मेरा हृदय व्यथित होता है !

सुरमा - क्यों, इतनी सहानुभूति तो आज तक किसी ने मेरे साथ नहीं दिखलायी!

देवगुप्त - मेरा हृदय जाने; इस 'क्यों' का कारण मैं क्या बतलाऊँ। यह कुसुम तो कामदेव की उपासना में मुकुट की शोभा बढ़ा सकता है।

सुरमा - किसी की अधिक प्रशंसा करना उसे धोखा देना है, श्रेष्ठि ! तुम्हारा...

देव - ठहरो सुरमा ! मैं श्रेष्ठि नहीं हूँ—आज मैं तुम्हे अभिन्न समझ कर अपना रहस्य कहता हूँ। मैं मालव-नरेश देवगुप्त हूँ।

सुरमा - (आश्चर्य से)—क्या !

दूत - (प्रवेश करके) : जय हो देव, स्थाण्वीश्वर में प्रभाकरवर्द्धन का निधन हुआ और राज्यावर्द्धन इस समय हूण-युद्ध के लिए पञ्चनद गये हैं।

देव : अच्छा जाओ !

(दूत का प्रस्थान)

सुरमा : तुम : आप : मालव के

देव : हाँ सुरमा, चलोगी मेरे साथ ?

सुरमा : यह भी सत्य है ? नहीं महाराज ! जैसे आपका वेश कृत्रिम है, वैसे ही यह वाणी भी तो नहीं ?

देव. : नहीं प्रिये, मैं तुम्हारा अनुचर हूँ।

सुरमा : हे भगवान्! इतना बड़ा सौभाग्य! नहीं, यह मेरे अदृष्ट का उपहास है।

देव. : सुन्दरी यह उपहास नहीं, सत्य है।

सुरमा : परन्तु शान्तिभिक्षु की प्रतीक्षा!

देव. : कौन शान्तिभिक्षु? उसे कुछ दान दिया चाहती हो क्या ?

सुरमा : नहीं, दे चुकी हूँ!

देव. : तो दे दो; यह उपवन ही न : तुम्हें अब इसकी आवश्यकता ही क्या ?

सुरमा : वही करूँगी।

देव. : मुझे तुमने प्राण-दान दिया परन्तु देखो, जब तक यहाँ से हम लोग मालव के लिए प्रस्थान न करें यह बात न खुलने पावे।

सुरमा : अच्छा जाती हूँ, विश्वास रखिये :

(अस्तव्यस्त भाव से उठ कर जाती है)

(मधुकर का प्रवेश)

देव. : सीमा का क्या समाचार है? वीरसेन की वीरता पर तो मुझे विश्वास है; पर मौखरी भी सहज नहीं। इधर मैं इतने मनुष्यों के साथ दूसरी राजधानी में पड़ा हूँ, बड़ी विषम समस्या है। क्या करूँ, कुछ समझ में नहीं आता।

मधुकर : सीमाप्रान्त में विजय मिलने की निश्चित सम्भावना है और यदि ऐसा न हुआ, तो शीघ्र ही मालव पहुँच कर सब दोष मंत्री के सिर रखकर अलग हो जाइयेगा, सन्धि का प्रस्ताव भेज दीजियेगा। क्योंकि यह तो प्रसिद्ध है ही कि मालवेश्वर बहुत दिनों से तीर्थ-यात्रा के लिए गये है।

देव. : मधुकर! देवगुप्त उसी गुप्त-कुल का है, जिसके नाम से एक दिन समस्त जम्बूद्वीप विकम्पित होता था। आज सिंह-विहीन जंगल में स्यारों का राज्य है। मुझे

एक बार वही चेष्टा करनी होगी। स्थाण्वीश्वर और कान्यकुब्ज दोनों का ध्वंस करना है।

मधु : दैव अनुकूल होने से आपकी इच्छा पूरी ही होगी।

(चर का प्रवेश)

चर : जय हो देव ! सीमाप्रान्त का युद्ध आपके पक्ष में सफल हुआ। ग्रहवर्मा को कड़ी चोट आयी है; क्योंकि वीरसेन ने कान्यकुब्ज की सेना पहुंचने के पहले ही युद्ध आरम्भ कर दिया था। इधर दुर्ग में भी सेना बहुत कम है।

देव : मेरा अनुमान है कि मेरे सैनिक उनसे अधिक हैं। मधुकर ! सुनो तो : (कान में कुछ कहता है, प्रकट) : जब कुछ और सेना सीमा की ओर चली जाय, तो जिस ढंग से बताया है, उसी प्रकार मेरे सब सैनिक दुर्ग में एकत्र हों। 'विजय' संकेत होगा, जाओ- बस।

(सबका प्रस्थान)

प्रथम अंक-सप्तम दृश्य

(प्रकोष्ठ में मूर्छित राज्यश्री और सखियाँ)

विमला : सखी ! क्या होगा !

कमला : क्या कहूँ, मन्दिर वाली घटना से अभी तक एक बार भी पूरी चेतना नहीं आयी। सखी ! यह बात तो आश्चर्यजनक हुई : क्या कोई अपदेवता वहाँ उस दिन आ गया था ?

विमला : सखी मैं तो समझती हूँ, वही भिक्षु ठठाकर हँस पड़ा महारानी को प्रतिमा हँसने के अपशकुन की आशंका हुई।

कमला : देख, देख, अब उठ रही है, कुछ कहा ही चाहती हैं -

(मंत्री का प्रवेश, राज्यश्री उठकर प्रलाप करती है)

राज्यश्री : हँस दिया : हाँ, हँस दिया ! मेरी प्रार्थना पर हँस दिया ! क्या वह अनुचित थी ? मेरी बात क्या हँसने योग्य थी ? नहीं, नहीं, हँसी का कारण है मेरा निर्बल होना। हँसो और भी हँसो ! मेरी प्रार्थना तुम्हारे कर्कश कठोर अट्टहास में विलीन हो जाय! हा हा हा हा !

मंत्री : किससे और क्या कहूँ ? जिसकी आशंका-मात्र से यह दशा है, उसे वास्तविक समाचार देने का क्या परिणाम होगा ? कुटिलते ! देख, तूने एक सोने का संसार मिट्टी में मिला दिया।

(प्रतिहारी का त्रस्तभाव से प्रवेश)

प्रति : आर्य ! न मालूम क्यों दुर्ग में बड़ी भीड़ इकट्ठी हो रही है। प्रजा कह रही है कि मुझ महाराज की सच्ची अवस्था मालूम होनी चाहिए।

मंत्री : उन लोगों से कहो कि हम अभी आते हैं।

(प्रतिहारी का प्रस्थान)

(राज्यश्री उठ कर उन्मत्तभाव से टहलती है)

प्रति. : (पुनः प्रवेश करके)-अनर्थ !

मंत्री : क्या हुआ ? कुछ कहो भी !

प्रति. : उन्हीं प्रजाओं के साथ दुर्ग में सहस्रों शत्रु घुस आये हैं।

मंत्री : हूँ ! वह प्रजा न थी, जो इस तरह षड्यंत्र करके दुर्ग में चली आयी ? वे शत्रु... (विचारने लगता है)

(एक सैनिक का प्रवेश)

सैनिक : मन्त्रिवर ! दुर्ग-रक्षक सैन्य-संग्रह करके आत्म-रक्षा का प्रबन्ध कर रहे हैं। उन्होंने मुझे यह कहने के लिए भेजा है कि इस उपद्रव का नेता वही दुष्ट वणिकवेशधारी मालवेश है।

मंत्री : (चौंक कर) क्या मालवेश ? अच्छा ! जाओ, युद्ध में पीछे न हटना ! कान्यकुब्ज के एक भी सैनिक के

जीवित रहते देवगुप्त दुर्ग पर अधिकार न करने पावे।

(सैनिक का प्रस्थान)

राज्यश्री : मंत्री ! उसने हँस दिया !

(नेपथ्य में रण-कोलाहल)

मंत्री : विमला ! यहाँ महारानी का रहना ठीक नहीं।

राज्यश्री : महारानी फिर कहाँ जाएँगी ?

मंत्री : शत्रु दुर्ग में घुस आये हैं।

राज्यश्री : जाओ, उन्हें सादर लिवा लाओ।

मंत्री : हे भगवान् !

(देवगुप्त का विजयी सैनिकों के साथ प्रवेश। राज्यश्री मंत्री का खड्ग ले लेती है और देवगुप्त पर उसे चलाती है, देवगुप्त उसे पकड़ता है और वह मूर्च्छित होती है)

[यवनिका]

द्वितीय अंक-प्रथम दृश्य

(सुरमा का उपवन, अकेले शान्ति देव)

शांति. : मैं संसार से अलग किया गया था– किस लिये ? पिता ने मुझे भिक्षु-संघ में समर्पण किया था– क्या इसलिये कि मैं धार्मिक जीवन व्यतीत करूँ ? मेरे लिये उस हृदय में दया या सहानुभूति न थी ! जब हृदय-कानन की आशा-लता बलवती हुई, मैं देखता हूँ कि कर्मक्षेत्र में मेरे लिये कुछ अवशिष्ट नहीं।

सुरमा : जीवन की पहली चिनगारी-वह भी किधर गयी! धधक उठी एक ज्वाला-राज्यश्री!–(सोचकर)– मूर्ख! मैं निश्चय नहीं कर पाता कि सुरमा या राज्यश्री, मेरे जलते हुये ग्रहपिण्ड के भ्रमण का कौन केन्द्र है! कान्यकुब्ज में इतना बड़ा परिवर्तन! इधर सुरमा भी न जाने कहाँ गयी! तो क्या करूँ? लौट जाऊँ संघ में? नहीं, सुरमा भी न जाने कहाँ गयी! तो क्या करूँ? लौट जाऊँ संघ में? नहीं, संघ मेरे लिए नहीं है। अब यहीं कुटी में रहूँगा। तो क्या मैं तपस्वी होऊँगा ? नहीं, अच्छा जो नियति करावे-(देखकर)-ओह ! कैसी काली रात है!

(सोता है, दस्युओं का प्रवेश)

एक : आज जो सेना हम लोगों ने देखी, वह किसकी है ?

दूसरा : राज्यवर्द्धन की सेना है। राज्यश्री और ग्रहवर्मा का प्रतिशोध लेने आ रही है।

पहला : तो क्या राज्यश्री भी मार डाली गयी ?

दूसरा : नहीं जी, वह तो बन्दी है। इसी गड़बड़ी में तो अपना हाथ लगेगा। क्या बताऊँ, यदि राज्यश्री को हम लोग पा जाते, तो बहुत-सा धन मिलता।
(शांतिदेव करवटें बदलता है)

पहला : (उसे देखकर)-तू कौन है रे ?
शांति- विकटघोष !

दूसरा : सो तो तेरे लम्बे-चौड़े हाथ-पैर और कर्कश कण्ठ से ही प्रकट है, पर तू करता क्या है ?

शांति. : मैं कान्यकुब्ज का दस्यु, मूर्ख ! मेरे क्षेत्र में तू क्यों आया ?

पहला : भाई विकटघोष ! तो हम लोग भी तुम्हें अपना नेता मानेंगे।

विकट. : यह बात ! फिर राज्यश्री को अकेले लोप करने का प्रयत्न न करना ! समझा।

दोनों : नहीं, भला ऐसा भी हो सकता है ! परन्तु दस्युपति, एक और भी सेना गौड़ की आ रही है। इन दोनों के आक्रमण के बीच से राज्यश्री को निकाल ले जाना सहज काम नहीं।

विकट. : डरपोक ! इसी बल पर दस्यु बना है।

दोनों : नहीं, हम लोग प्राण देने या लेने में पीछे नहीं हटते।

विकट. : तो अच्छी बात है ! चलो, हम लोग आज रात में दोनों सेनाओं का लक्ष्य तो समझ लें।

दोनों : चलो।

[तीनों का प्रस्थान]

द्वितीय अंक-दूसरा दृश्य

(वन-पथ)

(कुछ सैनिकों के साथ भण्डि का प्रवेश)

भण्डि : क्यों जी, अब तो मेरा अनुमान है कि कन्नौज की सीमा समीप है।

एक सैनिक : हम लोग तो आज ही पहुँच गये होते, यदि गौड़राज की प्रतीक्षा में समय नष्ट न किया गया होता।

भण्डि : आज ही तो नरेन्द्रगुप्त शशांक के आने का निश्चय था, और इसी कानन का स्थान नियत था, फिर अभी वे क्यों नहीं आये ?

अन्य सै. : आवें चाहे न आवें। सेनापति ! इस अकारण मैत्री से मेरा चित्त तो बहुत शंकित हो रहा है। महाकुमार ने न जाने क्यों उस पर इतना विश्वास कर लिया है। क्या हम लोग स्वयं इस दुष्ट मालवपति को दण्ड देने में असमर्थ है ... ?

भण्डि : यह ठीक है, पर यदि राजनीति मित्रता से सफल होती हो, तो विग्रह करना उचित नहीं। उसकी भी स्थाण्वीश्वर से मैत्री करने की इच्छा है। क्यों ? केवल वर्द्धनों का लोहा मानकर !

तीसरा सै. : अच्छा, तो अब आप पट-मण्डप में विश्राम करें, महाराज कुमार के पूछने पर आपको मैं सूचना दूँगा। शिविर आपका समीप है।

भण्डि : अच्छा (सामने देखकर)-ये तीन कौन अपरिचित से चले आ रहे है।

(विकटघोष का अपने दो साथियों सहित प्रवेश)

विकट. : (प्रणाम करके)-सेनापति की कृपा से मेरा मनोरथ पूर्ण हो।

भण्डि : तुम्हारी क्या अभिलाषा है।

विकट. : हम लोग साहसिक हैं परन्तु अब चरित्रय और वीरतापूर्ण जीवन व्यतीत करना चाहते हैं, देवगुप्त हमारा चिर शत्रु है, उससे प्रतिशोध लेना हमारा अभीष्ट है।

भण्डि : किन्तु तुम्हारा विश्वास ?

विकट. : क्या हम तीन वीरों से आप डरते हैं-क्या इतनी बड़ी सेना को हम तीन व्यक्ति वंचित कर सकते हैं ! इतनी मूर्खता मेरे मन में तो नहीं हैं, सेनापति ;

भण्डि : किन्तु...

विकट. : किन्तु कौन जन्तु है, मैं नही जानता! वीरों के पास कोई प्रमाण-पत्र नहीं लिखा रहता, सेनापति ! यदि आप अविश्वास करते हों, तो हम लोग चले जायं।

भण्डि : तुम्हारा परिचय ?

विकट. : मेरा नाम है विकटघोष और ये दोनों मेरे शूर साथी हैं। मैं आपका उपकार करूँगा; विजय में उपयोगी सिद्ध हो सकूँगा।

भण्डि : क्या ?

विकट. : मुझे कान्यकुब्ज-दुर्ग के गुप्त-मार्ग विदित हैं, उनके द्वारा सुगमता से आपको विजय मिल सकती है।

भण्डि : (कुछ विचार कर)-तुम मुझे तो कोई हानि नहीं पहुँचा सकते। अस्तु, तुम पञ्चनद गुल्म में सम्मिलित किये गए। (पूर्व सैनिक से) : गौल्मिक ! इन्हें ले जाओ।

[सब जाते है]

द्वितीय अंक-तृतीय दृश्य
(शिविर)

(राज्यवर्द्धन, नरेन्द्रगुप्त और भण्डि)

नरेन्द्र. : दुरात्मा देवगुप्त ने कैसे कुसमय में यह उत्पात मचाया ! जब आप दोनों भाई पिता के शोक में व्याकुल थे, तभी उसे नारकीय अभिनय करने का अवसर मिला! अच्छा, धैर्य और शान्ति से अग्रसर होकर...

राज्यवर्द्धन : शान्ति कहाँ, गौड़ेश्वर ! अपने इन दुर्वृत्त वैरियों से बदला लेना और तुरन्त दण्ड देना मेरे जीवन का प्रथम

कार्य है। अपने बाहुबल से प्रतिशोध न लेकर चित्त को सन्तोष देना मेरा काम नहीं।

नरेन्द्र. : ऐसा ही होगा।

राज्यवर्द्धन : होगा नहीं, हुआ समझो। राज्यवर्द्धन वह राख का ढेर नहीं, जो शत्रु-मुख के पवन से धधक न उठे। यह ज्वाला है; उत्तरापथ को जलाकर शान्त होगी। गौड़ेश्वर, तुम तो वर्द्धनों के बन्धु हो, परन्तु यह तुमसे न छिपा होगा कि स्थाण्वीश्वर की उन्नति अनेक नरेशों की आँखों में खटक रही है। अभी पंचनद से हूणों को विताड़ित किया और जालन्धर में उदितराज की स्कन्धावार में छोड़ आया; परन्तु मैं देखता हूँ कि हूणों से पहले अपने घर में ही युद्ध करना पड़ेगा।

भण्डि : देव उसके लिये चिन्ता क्या ! हमारा शस्त्र-बल उचित दण्ड देने में कभी पीछे न रहेगा। महोदय और मगध तो हम लोगों के मित्र ही हैं-पश्चिम आर्यावर्त में ही तो संघर्ष है।

नरेन्द्र : कुछ चिन्ता न कीजिए–गौड़ और मगध की समस्त शक्ति आपके लिये प्रस्तुत है।

राज्यवर्द्धन : भण्डि, महोदय-दुर्ग लेने का क्या उपाय निश्चित किया है ? ध्वंस करने की तो मेरी इच्छा नहीं; और अवरोध में भी अधिक दिन बिताना ठीक नहीं।

भण्डि : उसके लिये चिन्ता न कीजिये देव, सब यथासमय आप देखेंगे। विश्राम कीजिये।

(दूत का प्रवेश)

दूत : जय हो, देव।

राज्यवर्द्धन : क्या समाचार है ?

दूत : दुर्ग के भीतर बहुत थोड़ी सेना है और देवी राज्यश्री भी वहीं है।

राज्यवर्द्धन : मैं अभी आक्रमण करना चाहता हूँ।

भण्डि : विश्राम कीजिये। आज भर केवल। कल ही आप देखेंगे कि विजयलक्ष्मी आपका स्वागत करती है।

राज्यवर्द्धन : ऐसा ही हो, भण्डि !

द्वितीय अंक-चतुर्थ दृश्य

(दुर्ग के भीतर एक प्रकोष्ठ में राज्यश्री और विमला)

विमला : सिर की वेदना तो अब कम है न महादेवी !

राज्यश्री : वेदना रोम-रोम में खड़ी है, विमला ! चेतना ने तो भूली हुई यातनाओं, अत्याचार और इस छोटे से जीवन पर संसार के दिये हुए कष्टों को फिर से सजीव कर दिया है। सखी ! औषधि न देकर यदि तू विष देती, तो कितना उपकार करती।

विमला : भगवान् पर विश्वास रखिये।

राज्यश्री : विश्वास ! सखी, विश्वास तो मेरा प्रत्येक श्वास कर रहा है ! मैं तो समझती हूँ कि मेरी प्रार्थना-मेरी आत्त्रवाणी-उन कानों में पहुँचती ही नहीं है।

विमला : गर्व से भरे मनुष्यों का ही यह स्वभाव है–जिनके कान मोतियों के कुण्डल से बाहर लदे हैं और प्रशंसा एवं संगीत की झनकारों से भीतर भी भरे हैं, वे ही क्रन्दन नहीं सुनना चाहते।

राज्यश्री : जैसी उनकी इच्छा। तो क्या सर्वत्र शत्रु का अधिकार हो गया है ?

विमला : दुर्दैव ने सब करा दिया।

(देवगुप्त का प्रवेश)

राज्यश्री : यह कौन !

देव. : मैं हूँ देवगुप्त। राज्यश्री ! तुम्हें स्वस्थ देखकर मैं प्रसन्न हुआ।

विमला : अधखिली वसंत की कली की जलती हुई धूल में गिरा कर भीषण अंधड़ चिल्ला कर कहता है–'तुम स्वस्थ

हो ! 'शांत सरोवर की कुमुदिनी को पैरों से कुचल कर उन्मत्त गज, उसे सहलाना चाहता है !

देव. : राज्यश्री ! अपनी इन दासियों को मना करो। मैं तुमसे बात करना चाहता हूं।

राज्यश्री : तुम देवगुप्त ? मुझसे बात करने के अधिकारी नहीं हो–एक निर्लज्ज प्रवञ्चक का इतना साहस !

देव. : सुन्दरी !

राज्यश्री : बस मैं सचेत हूँ देवगुप्त ! तुम अपने प्राणों पर अधिकार है। मैं तुम्हारा वध न कर सकी, तो क्या अपना प्राण भी नहीं दे सकती ?

देव. : तब तुम इस राज-मन्दिर को बन्दीगृह बनाना चाहती हो ?

राज्यश्री : नरक में रहना हो सो भी अच्छा !

देव. : तब यही हो (ताली बजाता है–चार सैनिकों का प्रवेश) देखो आज से ये लोग बन्दी हैं–सावधान ! इसके साथ वही व्यवहार करना होगा।

(प्रस्थान)

द्वितीय अंक-पञ्चम दृश्य

(प्रकोष्ठ में मधुकर : रात्रि)

मधु. : देखूँ अब क्या होता है ?

(विकटघोष पीछे से आकर चपत लगाता है)

मधु. : (सिर सहलाता हुआ)-क्या यही होना था ? भाई तुम हो कौन ? मुझसे तुमसे कब का परिचय है ?-यह परिचय कैसा ?

विकट. : यह तुम नहीं जानते- हम तुम साथ ही न वहाँ पढ़ते थे! तुम एक चपत लगाकर गुरुकुल छोड़कर भाग आये और राजसहचर बनकर आनन्द करने लगे। यह उसी का प्रतिशोध है। स्मरण हुआ ? मेरा नाम है विकटघोष!

मधु. : (विचारने की मुद्रा से)-होगा ! होगा भाई, वह तो पाठशाला का लड़कपन था; अब हम तुम दोनों बड़े हो गये। फिर, वैसी बात न होनी चाहिए।

विकट. : यह सब तो मित्रता में चलता ही रहता है; पर तुमने मुझे पहचाना ठीक!

मधु. : ठीक ! क्या नाम ?

विकट. : विकटघोष।

मधु. : ओह ! तब आप शंख-घोष करते। यह मेरी रोएँदार खँजड़ी क्यों बजा रहे थे ? आप इतनी रात को अतिथि!

विकट. : मैं शीघ्र जाऊँगा।

मधु : हाँ ! अधिक कष्ट करने की आवश्यकता नहीं–आपको दूर जाना भी होगा?

विकट. : चुप रहो; पहले यह तो पूछा ही नहीं कि तुम क्यों आये थे।

मधु. : आप जाइये, मैं पूछ लूँगा ! उधर-(राह दिखलाता है)

विकट. : तुझे तुम्हारी महारानी से मिलना है।

मधु. : तब आपको उस ठाठ से आना चाहिए था ! यह भयानक दाढ़ी और बिच्छू की दुम-नहीं-नहीं डंक-सी मूँछ ! उहुँ ! आप तनिक भी सहृदय नहीं :
इसे कुछ नीची कीजिये !
(हाथ बढ़ाता है)

विकट. : (झटक कर) सीधे बताओ किधर से जाना होगा ?

मधु. : दो पथ हैं। एक सुंदर राजमन्दिर में जाता है, यहाँ श्रीमती सुरमा देवी विराजमान हैं और दूसरा बन्दीगृह में, जहाँ राज्यश्री हैं। आप किसी रानी से भेंट किया चाहते हैं ?

विकट. : (चौंक कर)–सुरमा ! कौन ?

मधु : अजी ! वे नयी रानी हैं– इस नये राज्य की ! समझते नहीं राजा लोग जब नये राज्य बना सकते हैं, तो उसमें

		रानी वही पुरानी रक्खेंगे !
विकट.	:	यह कहाँ की राजकुमारी है ?
मधु.	:	अरे इसी बुद्धि पर तुम रानी से मिलने चले हो। (उसे छुरा निकालते देखकर डरता हुआ)–पहले उसे भीतर करो, नहीं तो मेरे प्राण बाहर आ जायँगे।
विकट	:	तो बताओ शीघ्र।
मधु	:	वह तो इसी कान्यकुब्ज की एक मालिन है। उसे भीतर...
		(भयभीत होकर छुरे को देखता है)
विकट.	:	(छुरे को भीतर रखता हुआ सोचता है)–तो क्या वही
सुरमा	:	वह रानी! देवगुप्त की प्रणयिनी। उसके यहाँ कौन-सा पथ जायेगा ?
मधु	:	यही (सामने दिखाकर)- और उधर-(बताकर) आप राज्यश्री से मिल सकते हैं।
विकट.	:	अच्छा अब तुम विश्राम करो।
		(उसके हाथ-पैर बाँधने लगता है)
मधु.	:	यह क्या ?-यह मित्रता है ?
विकट.	:	चुप रहो-(संकेत करता है)
		(दूसरा दस्यु आता है, उसे वहीं छोड़कर विकटघोष चला जाता है दूसरा दस्यु उसे घसीटकर ले जाता है)

द्वितीय अंक-षष्ठ दृश्य

(उपवन में सुरमा और देवगुप्त)

देव.	:	आज सुरमा ! अच्छी तरह पिला दो। कल तो मुझे भयानक युद्ध के लिये प्रस्तुत होना है। तुम कितनी सुन्दर हो सुरमा !
सुरमा	:	कितनी मादकता इस प्रशंसा में है, प्रियतम ! मुझे अपना स्वरूप विस्मृत होता जा रहा है। मेरा यह सौभाग्य... !
देव.	:	सुरमा ! मेरे जीवन में ऐसा उन्मादकारी अवसर कभी

न आया था। तुम यौवन, स्वास्थ्य और सौन्दर्य की छलकती हुई प्याली हो–पागल न होना ही आश्चर्य है, मेरे इस साहस की विजय-लक्ष्मी !

सुरमा : (इधर-उधर देखती हुई)-कहाँ हूँ ? यह उज्ज्वल भविष्य कहाँ छिपा था? और यह सुन्दर वर्तमान, इन्द्रजाल तो नहीं? (देवगुप्त का हाथ पकड़ कर) क्या यह सत्य है? (सुरमा पान-पात्र भरकर देती है)

देव. : उतना ही सत्य है, जितना मेरा कान्यकुब्ज के सिंहासन पर अधिकार। सुरमा! शंका न करो। दो–एक पात्र।

देव. : (पीता हुआ) यह देखो सुरमा ! नक्षत्र के फूल आकाश बरसा रहा है, उधर देखो चन्द्रमा की स्निग्ध प्रसन्न हँसी तुम्हारा मनुहार कर रही है, जीवन की यह निराली रात है ! सुरमा ! कुछ गाओगी ?

सुरमा : क्यों नहीं प्रियतम ! (गाती है)

सम्हाले कोई कैसे प्यार मचल-मचल उठता है चञ्चल भर लाता है आँखों में जलबिछलन कर, चलता है उस पर लिये व्यथा का भार सिसक-सिसक उठता है मन में किस सुहाग के अपनेपन में 'छुईमुई'-सा होता, हँसता कितनी है सुकुमार

देव. : सुरमा ! तुम कितनी मधुर हो –मेरे जीवन की ध्रुवतारिका !

(नेपथ्य से)

"यह तुम्हारे दुर्भाग्य के मन्दग्रह की प्रभा है !"

देव. : (चौंककर)–यह कौन ?

(नेपथ्य से)

"मैं हूँ। सुरमा के उपवन का यक्ष। सावधान ! इस अपनी विपत्ति और अलक्ष्मी से अलग हो जाओ, नहीं तो युद्ध में तुम्हारा निधन होगा।"

देव. : यक्ष ? असम्भव ! यक्ष और कोई नहीं, मनुष्य है। तुम

कौन हो, प्रवञ्चक?

(नेपथ्य से)

"मैं यक्ष हूँ : तुम्हारी इच्छा हो तो बाण चलाकर देख लो : वही फिर लौटकर तुम्हें लगता है कि नहीं। मैं फिर सावधान कर देता हूँ : सुरमा को अभी अपने पास से अलग करो, नहीं तो पछताओगे।"

देव. : तो मैं...

(नेपथ्य से)

"हाँ, हाँ, तुम; यदि तुम्हें मृत्यु का आलिंगन न करना हो तो सुरमा के बाहुपाश से अपने को मुक्त करो।"

(देवगुप्त भयभीत होकर सुरमा को देखता है, सुरमा हताश दृष्टि से उसे देखती है, दूर से कोलाहल की ध्वनि)

देव. : यह क्या ?

(नेपथ्य से)

"यह है तुम्हारी सुख-निद्रा का अन्त-सूचक शत्रु सेना का शब्द ! मूर्ख ! अब भी भागो?"

(देवगुप्त भयभीत सुरमा को छोड़कर जाता है। सुरमा -'प्रियतम सुनो-सुनो कहती' रह जाती है। विकटघोष का प्रवेश)

सुरमा : हे भगवान् !

विकट. : रमणी ! जब तुम्हें कोई चलने को कहता है, तो पैरों में पीड़ा का अनुभव करने लगती हो। जब विश्राम का समय होता है, तो पवन से भी तीव्रगति धारण करती हो। तुम स्नेह से पिच्छिल, जल से अधिक तरल, पत्थर से भी कठोर ! इन्द्रधनुष से भी सुन्दर बहुरंगशालिनी स्त्री! तुमको...

सुरमा : तुम कौन हो ? यक्ष नहीं, तुम्हारा स्वर तो परिचित-सा है।

विकट. : (बनावटी बाल अलग करके)-परिचय ? तुम लोगों से परिचय आकाश-तट के डूबते हुए तारों का-सा है– उज्ज्वल आलोक फैलाकर अन्धकार में विलीन हो जाना। ओह, जब नि:श्वास ले-लेकर सिसकती हुई, किसी मूर्ख की छाती पर सुकुमार कुसुम-सी व्याकुल होकर तुम पतित रहती हो, तब भी तुम्हारे भीतर व्यंग्य हँसा करता है! जब स्वयं प्राण देने के लिए प्रस्तुत होती हो, तब वह कितने जीवन लेने का प्रस्ताव होता है ! प्रवञ्चना की पुजारिन ! युवती, रमणी सुरमा ! तुमने मुझे पहचाना ?

सुरमा : पहचानती हूँ शान्तिभिक्षु ! मेरा अपराध क्षमा करोगे ?

शान्ति. : अपराध का पता लगा है अभी, सुरमा ? मैंने तो वही कहा था कि : 'अभी विलम्ब है, थोड़ा ठहरो'– तब तुमने समीर की सी गति धारण कर ली : आँधी चल पड़ी। ठहरने का क्षण समय की सारिणी से लोप हो गया : वाह-री छलना !

सुरमा : क्षमा करो शान्तिभिक्षु !

शान्ति. : अभी नहीं सुरमा ! विलम्ब है !

(प्रस्थान)

द्वितीय अंक-सप्तम दृश्य

(राज्यश्री बन्दीगृह में)

नरदत्त : कौन न कहेगा कि महत्त्वशाली व्यक्तियों के सौभाग्य-अभिनय में धूर्तता का बहुत हाथ होता है। जिसके रहस्यों को सुनने से रोम-कूप स्वेद-जल से भर उठें, जिसके अपराध का पात्र छलक रहा है, वही समाज का नेता है। जिसके सर्वस्व-हरणकारी करों से कितनों का सर्वनाश हो चुका है, वही महाराज है। जिसके दण्डनीय

कार्यों का न्याय करने में परमात्मा को समय लगे, वही दण्ड-विधायक है। यदि किसी साधारण मनुष्य का यही काम होता, जो महाराज देवगुप्त ने किया है, तो वह चोर, लम्पट और धूर्त आदि उपाधियों से विभूषित होता। परन्तु उन्हें कौन कह सकता है?–(राज्यश्री को देखकर)–अहा, कैसा देवी का-सा रूप है ! देखते ही श्रद्धा होती है।

(अन्य प्रहरियों का प्रवेश)

नर. : क्यों जी, तुम लोग अब तक कहाँ थे ? बड़ा विलम्ब किया !

एक : आपको क्या मालूम नहीं ! उधर इतना बखेड़ा फैला है!

नर. : क्या ? कुछ सुनें भी। हम तो यही थे न !

एक : राज्यवर्द्धन की सेना घुसी चली आ रही है।

नर. : और महाराज ?

एक : जायेंगे कहाँ ? दुर्ग-द्वार पर तो भीषण युद्ध हो रहा है।

(नेपथ्य में रण-वाद्य और कोलाहल)

नर. : अच्छा, तुम लोग सावधान रहना। मैं देख आऊँ !

(प्रस्थान)

दूसरा : क्या कहें, यह चुड़ैल भी हम लोगों के पीछे लगी है; नहीं तो अब तक हम लोग नौ-दो ग्यारह होते !

राज्यश्री : (चैतन्य होकर) क्यों जी, यह युद्ध का शब्द कैसा ?

पहला : घबराती क्यों हो ? कितनों को मारकर तुम मरोगी !

राज्यश्री : सुखी मनुष्य ! तुम मरने से इतना डरते हो ! भग्न हृदयों से पूछो –वे मृत्यु की कैसी सुखद कल्पना करते हैं।

दूसरा : अनागत विपत्ति की कल्पना चाहे जितनी सुन्दर हो; पर आ पड़ने पर मृत्यु की विभीषिका उतनी टाल देने की वस्तु नहीं।

राज्यश्री : अस्त होते हुए अभिमानी भास्कर से पूछो–वह समुद्र में गिरने को कितना उत्सुक है ! पतंग-सदृश निराश हृदय

से पूछो कि जल जाने में वह अपना सौभाग्य समझता है या नहीं ! और तुम तो सैनिक हो, मरने का ही वेतन पाते हो !

दूसरा : और तुम जीने के लिये ?

(रण कोलाहल-विकटघोष का प्रवेश)

विकट. : क्यों, यही गप्प लड़ाने का समय है ? जाओ, शीघ्र युद्ध में जाओ, महाराज ने बुलाया है। मुझे राज्यश्री को दूसरे स्थान में ले जाने की आज्ञा हुई है।

पहला : तब तो आप के पास कोई आज्ञापत्र होगा ? ऐसे हम लोग कैसे टलें !

तीसरा : यह तो पागल है, भला आप असत्य कहेंगे। हम लोग जाते हैं –(स्वगत)- किसी प्रकार पिण्ड तो छूटे !

(सभी का प्रस्थान)

विकट. : भद्रे ! शीघ्र चलो। महाराजकुमार राज्यवर्द्धन का आदेश है कि राज्यश्री को युद्ध से कहीं अलग ले जाओ।

राज्यश्री : क्या? भाई राज्यवर्द्धन !

विकट. : हाँ, उन्होंने कहा है कि युद्ध के भीषण होने की सम्भावना है, इसलिए आपको शीघ्र ही किसी सुरक्षित स्थान में पहुँचना चाहिए।

राज्यश्री : तो चलो।

विकट. : (कुछ विचार कर ताली बजाता है–दो दस्युओं का प्रवेश)–देखो, उसी गुप्त-मार्ग से इन्हें ले चलो, मैं अभी आता हूँ।

(राज्यश्री का दस्युओं के साथ प्रस्थान)

(नेपथ्य से सुरमा का क्रन्दन। रण-कोलाहल। विकटघोष का उस ओर जाना, सुरमा को लिये फिर आना। सुरमा मूर्छित-सी)

विकट. : सुरमा ! सावधान ! नहीं तो प्राण न बचेंगे ?

सुरमा : कौन (चैतन्य होकर) शान्ति ?

विकट.	:	चुप तुम चाहे कितनी कुटिलता ग्रहण करो; पर मैं तुम्हें...
सुरमा	:	मेरे शान्ति–मेरे प्रिय !
विकट.	:	इस अभिनय का काम नहीं। चलो, वह देखो; युद्ध समीप आता जा रहा है। अरे, लो वे इधर ही आ रहे हैं। (विकटघोष सुरमा को लेकर जाता है। एक ओर से देवगुप्त, दूसरी ओर से राज्य वर्धन का प्रवेश)
राज्यवर्द्धन	:	दुष्ट मालव ! अब भागने से काम न चलेगा–सावधान तेरी नीचता का अंत समीप है।
देवगुप्त	:	तो मैं प्रस्तुत हूँ।

(युद्ध-देवगुप्त की मृत्यु)

[यवनिका]

तृतीय अंक-प्रथम दृश्य

(पथ में)

सुरमा : तब?

विकट. : तुम्हारी इच्छा सुरमा ! तुम्हारी शीघ्रता ने दो जीवन नष्ट किये–मैं दस्यु हुआ और तुम एक कामुक की वासना पूर्ण करने वाली वेश्या।

सुरमा : और तुम राज्यश्री को कहाँ छिपाये हो ?

विकट. : वह मैं नही जानता। मेरे साथी-दूसरे

दस्यु : उसे ले भागे।

सुरमा : क्यों, क्या तुम्हारे विलम्ब का कारण राज्यश्री का रूप न था ?

विकट. : पर उसकी प्यास तुम्हीं ने जगा दी थी। मैं विचारता था कि किधर बढ़ूँ? रूप और विभव दोनों के प्रभाव ने मुझे अभिभूत तो कर दिया था, किन्तु मैं तुम्हे भूला न था, सुरमा !

सुरमा : तो अब हम तुम एकत्र संसार की यात्रा कर सकते हैं। विचार लो!

विकट. : पतन की चरम सीमा तक चलें, सुरमा ! बीच में रुकने की आवश्यकता नहीं। संसार ने हम लोगों की ओर आँख उठाकर नहीं देखा और देखेगा भी नहीं तब उसकी उपेक्षा करूंगा। यदि कुछ ऐसा कर सकूँ कि वह मुझे देखे, मेरी खोज करे, तब तो सही !

सुरमा : यही तो मैं चाहती थी। तुम ऐसा करो, और मैं तुम्हारी बनूँ।

विकट. : तो चलो, गौड़ के शिविर में चलें।

सुरमा : वहाँ क्या करना होगा ?

विकट. : वहाँ चलने पर बताऊँगा; पहले किसी प्रकार शिविर में घुसना होगा।

सुरमा : तुम किसी भी बात को सोचते हो तो बड़ी तीव्रता से !

विकट. : यही तो मेरी सरलता का प्रमाण है, सुरमा ! अब शील-संकोच का डर मुझे नहीं भयभीत कर सकता। यहाँ तक बढ़ आने पर लौटना असम्भव है !

(नरेन्द्रगुप्त का एक सहचर के साथ प्रवेश विकट घोष और सुरमा का छिप जाना)

नरेन्द्र. : वयस्य ! बड़ी विषम समस्या है। राज्यवर्द्धन आज मेरे शिविर में आवेगा, बस यही अवसर है। मगध के गुप्तों का गौरव इन वर्द्धनों के चरणों में लोट रहा है ! मुझसे यह नहीं देखा जाता। मगध आज नतफण मन्त्रमुग्ध सर्प है, उसका यह नीरव अपमान मुझसे नहीं देखा जाता।

सहचर : इसीलिये तो परमभट्टारक ने आपको सुदूर गौड़ में भेज दिया है। आपकी तेज स्विता से आपके कुल के लोग भी सशंक हैं।

नरेन्द्र. : किन्तु भभक उठने वाली अग्नि को किसी उपाय से शान्त कर लेना सहज नहीं : मैं इन उपायों से और भी उत्तेजित हो गया हूँ। सम्बन्धी होकर वे मेरी अवमानना करें और मैं शील की आड़ लेकर अपनी दुर्बलता छिपाता फिरूँ ?–असम्भव है ! आज इसका निबटारा करना है। राज्यवर्द्धन मेरे हाथ में होगा, उसका अन्त होने पर हर्षवर्धन- कल का छोकरा-उसे उँगलियों पर नचा दूँगा।

सह. : परन्तु क्या आप स्वयं हत्या करेंगे ?

नरेन्द्र. : नहीं–यह तो असम्भव है। मुझे एक साहसिक और

वेश्या की आवश्यकता है, जिसमें वह प्राणों के साथ कीर्ति से भी वंचित रहे। परन्तु मिले जब तो !

सह. : यह घटना आकस्मिक रूप से होनी चाहिए। तो फिर कहिये, मैं खोज लाऊँ !

(विकटघोष सुरमा से संकेत करता है दोनों बाहर आते हैं)

नरेन्द्र. : तुम लोग कौन हो ?

विकट. : हम लोग गायक हैं।

नरेंद्र. : (देख कर) क्यों जी, यह तो हम लोगों के काम का मनुष्य हो सकता है? (विकटघोष से)–तुम गायक नहीं हो; तुम्हारे मुख पर तो कला की एक भी रेखा नहीं है। स्पष्ट, रक्त और हत्या का उल्लेख तुम्हारे ललाट पर है।

विकट. : जीवन बड़ा कठोर है, इसकी आवश्यकता जो न करावे ! सच बात तो यह है कि मुझे अपने सुख के लिए सब कुछ करना अभीष्ट है।

नरेंद्र. : वही तो पुरुषार्थ की बात है, तुममें पूर्ण मनुष्यता है (सुरमा की ओर देखकर) और तुम तो अवश्य गा सकती हो। चलो मुझे तुम दोनों की आवश्यकता है।

विकट. : तो मेरा पुरस्कार ?

नरेन्द्र. : काम देखकर मिलेगा। आज शिविर में राज्यवर्द्धन का निमंत्रण है, उसी उत्सव में तुम लोगों को चलना होगा।

विकट. : (अलग सुरमा से)

राज्यवर्द्धन : सुरमा, तुम्हारे भाग्याकाश का धूमकेतु; और मेरे लिए तो सभी शत्रु हैं। बोलो, क्या कहती हो ?

सुरमा : जो करो, मैं प्रस्तुत हूँ। (अलग) हाय, दूसरा पथ नहीं यदि मैं कहती हूँ कि नहीं तो, उहूँ ... फिर, यही सही; इस ओर से भी प्राण नहीं बचता।

विकट. : हम लोग चलेंगे।

नरेन्द्र. : तो चलो।

(सब जाते हैं। मधुकर का प्रवेश)

मधु. : प्राण बचे बाबा, अब इन राजाओं के फेर में न पड़ूँगा। ओह उस विकटघोष का बुरा हो, कहाँ से टपक पड़ा ! राज्यश्री भी कहीं इधर-उधर चली गई होगी। सुरमा का दुर्भाग्य ! वह भी कुछ ही दिनों के लिए रानी बन गयी थी ? मुझे छुट्टी मिली इस प्रतिज्ञा पर कि मैं राज्यश्री भी खोज निकालूँगा ! पर जाऊँ किधर ? वह बड़े-बड़े शिविर पड़े दिखाई दे रहे हैं, तो उधर ही चलूँ। हूँ, सोंधीं बास भी तो आ रही है–चलूं ? नहीं अब भागो; ब्राह्मण देवता ! भीख माँग कर खा लेना ठीक है; पर किसी राजा के यहाँ कदापि न..

[प्रस्थान]

तृतीय अंक-द्वितीय दृश्य

(कानन में राज्यश्री को लिये हुए दानों दस्यु)

राज्यश्री : मैं दुःखी हूँ, दस्यु ! तुम धन चाहते हो; पर वह मेरे पास नहीं ! इस विस्तीर्ण विश्व में सुख मेरे लिए नहीं, पर जीवन ? आह ! जितनी सांसें चलनी है, वे चलकर ही रुकेंगी। तुम मनुष्य होकर हिंस्र पशुओं को क्यों लज्जित कर रहे हो: इस श्मशान को कुरेद कर जली हुई हड्डियों के टुकड़ो के अतिरिक्त मिलेगा क्या ?

दस्यु : परन्तु मैं तुमको छोड़ूँ कैसे, क्या करूँ ? तुम मुझे कुछ धन दिलवा दो।

राज्यश्री : अर्थी ! तुम इतने मूर्ख हो ! मेरा राज्य छिन गया, सब लुट गया, भला अब मैं कहाँ से दिलवा दूँ ?

दस्यु : तब मैं तुम्हें किसी के हाथ बेच दूँगा। क्यों जी, यही ठीक रहा।

दूसरा : और किया क्या जायगा।

राज्यश्री : तब अच्छा हो कि मेरे जीवन का अन्त हो जाय ! भगवान तुम्हारी इच्छा पूर्ण हो !

(नेपथ्य से गान)

अब भी चेत ले तू नीच
दुःख-परितापित धरा को स्नेह-जल से सींच
शीघ्र तृष्णा-पाश से नर, कण्ठ को निज खींच
स्नान कर करुणा-सरोवर, धुले तेरा कीच

पहला : यह क्या ?

दूसरा : हम लोग क्या कर रहे है ?

(दिवाकरमित्र का प्रवेश)

दिवा. : क्षणिक संसार ! इस महाशून्य में तेरा इन्द्रजाल किसे नहीं भ्रान्त करता! मैंने बहुत दिनों शास्त्रों का अध्ययन किया, पण्डितों को परास्त किया, तर्क से कितनों का मुँह बन्द कर दिया, परन्तु क्या मन को शान्ति मिली ? नहीं; तब ?–भगवान् की करुणा अवलम्बन शेष है। करुणे ! इस दुःखपूर्ण धरती को अपनी क्रोड़ में चिरकालिक शान्ति दे, विश्राम दे। (देखकर)–अरे, यह वनलक्ष्मी-सी कौन है ? विषाद की यह कालिमा क्यों? और तुम लोग कौन हो भाई ?

दस्यु : हम लोग दस्यु हैं !

दिवा. : और तुम देवी ?

राज्यश्री : जब विपत्ति हो, जब दुर्दशा की मलिन छाया पड़ रही हो, तब अपने उज्ज्वल कुल का नाम बताना, उसका अपमान करना है। देव, मैं एक विपन्न अनाथ हूँ! जीवन का अन्त चाहती हूँ–मृत्यु चाहती हूँ।

दिवा. : यह पाप ! देवि, आत्महत्या या स्वेच्छा से मरने के लिये प्रस्तुत होना–भगवान की अवज्ञा है। जिस प्रकार सुख-दुःख उसके दान है–उन्हें मनुष्य झेलता है, उसी प्रकार प्राण भी उसी की धरोहर है। तुम अधीर न हो। क्यों भाई, तुम प्राण चाहते हो या धन ?

पहला : मुझे तो धन चाहिए।

दिवा. : तो चलो, मेरे कुटीर पर जो कुछ हो सब ले लो।

दूसरा : किन्तु, मुझे तो अपनी शान्ति दीजिये ! देव, मैं इस कर्म से अत्यन्त व्यथित हो गया हूँ। अब अपने पद-रज की विभूति दीजिये।

दिवा. : (हँसकर) अच्छा वैसा ही होगा ! चलो सब लोग आश्रम पर। रेवा-तट कुमार हर्षवर्द्धन और पुलकेशिन चालुक्य का युद्ध चल रहा है। अनेक लोग हताहत हो गये हैं। क्या तुम लोग उन आहतों को सेवा-शुश्रषा कर सकोगे ?

राज्यश्री : क्या ? कुमार हर्षवर्द्धन !

दिवा. : हाँ देवी, चलो आश्रम समीप है।

(प्रस्थान)

तृतीय अंक-तृतीय दृश्य

(रेवा-तट की युद्ध-भूमि-रण-वाद्य बजता है। एक ओर से हर्षवर्द्धन और दूसरी ओर से पुलकेशिन् अपनी सेना के साथ आते हैं।)

हर्ष. : चालुक्य ! तुम वीर हो।

पुल. : उत्तरापथेश्वर ! अभी मुझे अपनी वीरता को परीक्षा देनी है, क्योंकि विदेशी हूणों को विताड़ित करने वाले महावीर हर्षवर्द्धन के अस्त्र का आज ही सामना है।

हर्ष. : पर मैं अब युद्ध न करूँगा। (हाथ उठाकर) ठहरो, कोई अस्त्र न चलावे।

(रण-वाद्य बन्द हो जाते हैं)

पुल. : क्यों ? युद्ध से विश्राम क्यों ?

हर्ष. : मुझे साम्राज्य की सीमा नहीं बढानीं है। वसुन्धरा के शासन के लिए एक प्रवीर की आवश्यकता होती है, सो इधर दक्षिणापथ में उसका अभाव नहीं। महाराष्ट्र सुशासित वीरनिवास है। मुझे तो उत्तरापथ के द्वार की रक्षा करनी है।

पुल. : नहीं, नहीं, बातों से काम नहीं चलेगा सम्राट् ! आज

मुझे क्षात्रधर्म की परीक्षा देनी है –युद्ध होगा।

हर्ष. : कभी नहीं। यों तुम अपनी विजय-घोषणा कर सकते हो, क्योंकि मेरी गजवाहिनी तुम्हारे अश्वारोहियों से वित्रस्त हो चुकी है–परन्तु अब मैं युद्ध न करूँगा! व्यर्थ इतने प्राणों का नाश न होने दूँगा। चालुक्य, मैं सन्धि का प्रार्थी हूँ। और भी सुनोगे? हम लोग साम्राज्य नहीं स्थापित किया चाहते थे; मगध के सम्राटों की दुर्बलता से उत्तरापथ हूणों से अरक्षित था, आपाततः मुझे युद्ध करना पड़ा। उधर मेरे आत्मीय मौखरी ग्रहवर्मा का षडयन्त्र से बध हुआ ही था–भाई राज्यवर्द्धन की भी हत्या हुई ! मैं अकारण दूसरों की भूमि हड़पने वाला दस्यु नहीं हूँ। यह एक संयोग है कि कामरूप से लेकर सुराष्ट्र तक, काश्मीर से लेकर रेवा तक, एक सुव्यवस्थित राष्ट्र हो गया। मुझे और न चाहिए। यदि इतने मनुष्यों को सुखी कर सकूँ–राज-धर्म का पालन कर सकूँ– तो कृतकृत्य हो जाऊँगा।

पुल. : उदार महापुरुष। मेरी बड़ी इच्छा थी कि मेरे शरीर पर हूणों का अहेर करने वाले इन हाथों से प्रहार हो और मैं उसे झेलूँ तो !

हर्ष. : मैं इस वीरोन्माद, इस उत्साह का आदर करता हूँ। चालुक्य ! मेरा मन व्यथित हो उठा है। मैंने सुना है कि मेरी अनाथ दुखिया बहन कहीं इसी विन्ध्यापाद में है। मैं अभी जाना चाहता हूँ।

पुल. : क्या महारानी राज्यश्री अभी जीवित हैं ?

हर्ष. : हाँ पुलेकिशन् ! मुझे अभी-अभी चर ने यह सन्देश दिया है। दक्षिणापथेश्वर, मैं अभी विदा चाहता हूँ।

पुल. : महावीर, जैसी आपकी इच्छा ! मैं आप से सन्धि, युद्ध सब में अपने को धन्य समझता हूँ।

हर्ष. : (हाथ फैलाकर)–तो आओ भाई !

(दोनों गले से मिलते हैं)

तृतीय अंक-चतुर्थ दृश्य

(सरयू का तट-अशोक-कानन। विकटघोष अपने साथी डाकुओं के साथ बैठा हुआ। सामने देवी की उग्र-मूर्ति)

विकट. : सुरमा, तुम्हारे हाथों में आकर यह कड़वी मदिरा कितनी मीठी, कितनी हल्की हो जाती है–पिलाओ और प्रेयसी!

सुरमा. : लो-(पिलाती है)

विकट. : अभी तक सब नहीं आये ! वह चीनी यात्री अवश्य बड़ा धनी होगा, सुरमा! तब तक तुम कुछ गाओ न !

सुरमा : (गाती है)

जब प्रीति नहीं मन में कुछ भी
तब क्यों फिर बात बनाने लगे।
सब रीति प्रतीति उठी पिछली
फिर भी हँसने मुसकाने लगे।।
मुख देख सभी सुख खो दिया था
दुख मोल इसी सुख को लिया था।
सर्वस्व ही तो हमने दिया था
तुम देखने को तरसाने लगे।।

विकट. : सुरमा ! वह उपालम्भ बड़ा कठोर है ! सुरमा, मैं देवलोक से तुम्हारे लिये गिर पड़ा–केवल तुम्हें पाने के लिये, फिर भी यह ! (मद्यप की-सी चेष्टा करता है)

(सुएनच्वांग को लिये हुये डाकुओं का प्रवेश)

विकट. : हा हा हा हा ! आ गया ! क्यों, धर्म कमाने आया था, तो पूँजी के लिये कुछ रुपये भी लाया था ?

सुएन. : दस्युराज ! मैं रुपये लेकर नहीं आया हूँ। मेरे पास थोड़ा-सा धर्म और कुछ शान्ति है–तुम चाहते हो लेना?

विकट : मूर्ख ! शान्ति को मैंने देखा है, कितने शवों में वह दिखायी पड़ी ! शान्ति को मैंने देखा है दरिद्रों के भीख माँगने में। मैं उस शान्ति को धिक्कारता हूँ। धर्म को मैंने खोजा- जीर्ण पत्रों में, पंडितों के कूटतर्क में उसे

बिलखते पाया, मुझे उसकी आवश्यकता नहीं।

सुएन. : तब क्या चाहिए ?

विकट. : या तो धन दे या रक्त। जो मुझे धन नहीं देता, उसे मेरी देवी को रक्त देना पड़ता है।

सुएन. : रक्त से किसकी प्यास बुझती है, जानते हो ? पिशाचों, पशुओं की–तुम तो मनुष्य हो।

विकट. : ओह ! मेरी प्रतिमा –मेरी क्रूरता की देवी : नरबलि चाहती है। तू बहुत स्वस्थ है, विदेशी। मैंने राज-रक्त से पहले-पहल हाथ रँगा था, वह कितना लाल था! उसका मनोरंजन कितना ललित था ! सुरमा ! स्मरण है वह राज्यवर्द्धन की हत्या ? बड़ी उत्साहवर्धक थी वह !

सुरमा : प्रिय ! वह भयानक दृश्य था–आह मैं गा रही थी, राज्यवर्द्धन के हाथ में मदिरा का पात्र था और तुम थे खड़े। उसकी मदिर दृष्टि मुझ पर पड़ी थी। अनुचर सब मद-विह्वल थे। सहसा तुम्हारी आंखें चमक उठीं, ज्योंही राजकुमार ने मेरी ओर हाथ बढ़ाया–दूसरा पात्र माँगा, तुमने कितनी भीषणता से प्रहार किया ! वह छुरी पत्थर का कलेजा भी छेद देती– राज्यवर्द्धन तो साधारण मनुष्य था।

विकट. : हाँ सुरमा ! वह मेरा हाथ ! अब तो मैं रक्त देख कर अत्यन्त प्रसन्न होता हूँ ! यात्री ! तो आज ही तुम्हारी बलि होगी, प्रस्तुत रहो !

सुएन. : मुझे प्रार्थना कर लेने दो।

सुरमा : देवी की जय !

(सुरमा के साथ सब विकट-नृत्य करने लगते हैं। भिक्षु प्राथना करता है। अकस्मात् आँधी के साथ अन्धकार फैलता है। सब चिल्लाने लगते हैं– "दस्युपति ! उस भिक्षु को छोड़ दो" "उसी के कारण यह विपत्ति है,""छोड़ो उसे !"- प्रार्थना करते हुए सुएनच्वांग को

सब धक्का देकर हटा दते हैं)

तृतीय अंक-पञ्चम दृश्य

(दिवाकर मित्र का तपोवन)

राज्यश्री : दु:खों को छोड़ कर और कोई न मुझसे मिला, मेरा चिर सहचर ! परन्तु अब उसे भी छोडूँगी। आर्य मुझे आज्ञा दीजिये। स्त्रियों का पवित्र कर्तव्य पालन करती हुई इस क्षण-भगुंर संसार से बिदाई लूँ– नित्य की ज्वाला से, यह चिता की ज्वाला प्राण बचावे !

दिवा. : देवि, मैं यह कदापि नहीं कह सकता। यह धर्म नहीं, आत्महत्या है। सती होना जल मरने से ही नहीं हो सकता। यह तो मैं नहीं कह सकता कि इस पुतले को बना कर दु:ख का सम्बल देकर विधाता ने क्यों अनन्तपथ का यात्री बनाया, पर इससे इतना भयभीत क्यों रहूँ ? उस करुणानिधान की स्नेहानुभूति इसी में तो झलकती है। प्राणी दु:खों में भगवान् के समीप् होता है, देवि ! उसको...।

राज्यश्री : परन्तु अब इस हृदय में बल नहीं है, महात्मन् ! आज्ञा दीजिये। मेरे इस अंतिम सुख में बाधा न दीजिये– (प्रार्थना करती है)

जय जयति करुणा-सिन्धु।
जय दीनजन के बन्धु।।
जय अखिल लोक ललाम।
जय जय भुवन अभिराम।।
जय पतित पावन नाम।
जय प्रणत जन सुख धाम।।
जय देव धर्म स्वरूप।
जय जय जगत्पति भूप।।

(चिता प्रज्जवलित होती है। राज्यश्री का उसमें प्रवेश करने का उपक्रम,

सहसा : ‘ठहरो-ठहरो !’ का शब्द।

दस्यु : जो भिक्षु हो गया था–दौड़ता हुआ आता है)

राज्यश्री : अब क्या ?

भिक्षु : सम्राट् हर्षवर्द्धन आ रहे हैं।

राज्य. : कौन ? भैया हर्ष ?

(हर्ष का प्रवेश)

राज्यश्री : आओ हर्ष ! इस अन्तिम समय में तुम आ गये ! मेरा सारा विषाद चला गया।

हर्ष. : हे भगवान् ! मैं यह क्या देखता हूँ। प्रतिहिंसा से प्रेरित होकर लाखों प्राणों का संहार करने वाले हृदय, और वज्र हो जा ! बहन, मैंने इतना रक्तपात किया; क्या इसलिये कि राज्यश्री जल मरे इतना दृप्त राजचक्र फिर मेरी असफलता पर एक बार हँस दे ? उत्तरापथ के समस्त नरपति आज इन चरणों में प्रणत हैं। यह मरण का समय नहीं है, चलो एक बार देखो कि तुम्हारे नीच शत्रुओं का क्या परिणाम हुआ। कान्यकुब्ज के सिंहासन पर वर्द्धनवंश की एक बालिका उर्जस्वित शासन कर सकती है, यही तो मुझे दिखला देना था।

राज्यश्री : भाई हर्ष, यह रत्नजटित मुकुट तुम्हें भगवान ने इसलिये नहीं दिया कि लाखों सिरों को तुम पैरों से ठुकराओ। मेरी शान्ति ढूँढकर तुमने उसे इतनी बड़ी नर-हत्या में पाया ! हर्ष ! विचार करो, तुमने मेरे सदृश कितनी स्त्रियों को दुखिया बनाया ! तुम्हें क्या हो गया था ?

हर्ष. : (सिर नीचा करके) मेरा भ्रम था ! किन्तु अब ?

राज्यश्री : अब मुझे आज्ञा दो कि मैं तुम्हारा प्रायश्चित करूँ और सती धर्म का पालन भी।

हर्ष. : बहन ! हम लोग दो ही तो बचे हैं। भाई राज्यवर्द्धन की हत्या हुई, अब तुम भी जाना चाहती हो, मेरे वर्द्धन कुल की यह दशा ! तो फिर यही हो राज्यश्री !

राज्यश्री : क्या भाई राज्यवर्द्धन भी नहीं रहे ?

हर्ष. : हाँ बहन ! जब उन्होंने दुष्ट मालव को दण्ड देकर कान्यकुब्ज का उद्धार किया, उसी समय बन्धु नामधारी नरेन्द्र : नीच नरेन्द्र ने षड्यन्त्र से उनका प्राणनाश कराया ! आज तक भण्डि उसका पीछा कर रहे हैं ? वह भाग रहा है। तो फिर मैं ही क्या करूँगा ?– (दिवाकर मित्र से) आर्य ! मुझे भी काषाय दीजिये।

राज्यश्री : (चिता से हट आती है)–भाई ! तुम भी... ! नहीं, ऐसा नहीं होगा। मैं तुम्हारे लिए जीवित रहूँगी। मेरे अकेले भाई ! मुझे क्षमा करो, मैं कठोर हो गयी थी।

हर्ष. : बहन ! इस इन्द्रजाल की महत्ता में जीवन कितना लघु है ! सब गर्व; सारी वीरता, अनन्त विभव, अपार ऐश्वर्य, हृदय की एक चोट से : संसार की एक ठोकर से- निस्सार लगने लगा।

राज्यश्री : भाई ! दुःखमय मानव जीवन है। उसे अभ्यास पड़ जाता है, इस लिये सबके मन में तीव्र विराग नहीं होता। पर तुम इतने दुर्बल होगे, यह मैं नहीं जानती थी! मैं स्त्री हूँ–स्वभाव-दुर्बल नारी ! मेरा अनुकरण न करो, भाई ! चलो हम लोग दूसरों के दुःख-सुख में हाथ बँटावें।

हर्ष. : चलो, पराक्रम से जो सम्पत्ति, शस्त्र बल से जो ऐश्वर्य मैंने छीन लिया है, उसे पात्रों को दे दूँ। हम राजा होकर कंगाल बनने का अभ्यास करें।

राज्यश्री : चलो भाई ! जहाँ तक बन पड़े, लोक-सेवा करते अन्त में हम दोनों साथ ही काषाय लेंगे।

(सबका प्रस्थान)

चतुर्थ अंक-प्रथम दृश्य

(कानन में - साधु के वेष में विकटघोष)

सुरमा : यह आज नया रूप कैसा ?

विकट. : कान्यकुब्ज में स्वर्ण और रत्न की वर्षा हो रही है सुरमा। राज्यश्री अपने समस्त कोष का अद्‌भुत दान कर रही है। वहाँ भी लुटना चाहिए न।

सुरमा : अब समझी ! मुझे तो तुम्हारा यह रूप देखकर बड़ा सन्देह हुआ था।

विकट. : यही न कि मैं फिर साधु तो नहीं हो गया ? (हँसता है) (उसके साथी दस्यु साधु के रूप में आते है)

एक दस्यु : परन्तु अब हम लोग कहाँ चलेंगे, कान्यकुब्ज का दान तो अन्तप्राय है। अब सुना गया है कि यही प्रयाग में ही फिर से दान होगा। और, वह चीनी भिक्षु भी साथ ही आ रहा है।

विकट. : चीनी भिक्षु !–न जाने क्यों उसे इतना आदर मिल रहा है !

दूसरा. : और साथ-ही-साथ धन भी। सुना है कि पञ्चनद् के उदितराज, कामरूप के कुमारराज; बलभी के ध्रुवभट भी यहीं आ रहे हैं और सम्राट् हर्षवर्द्धन सर्वस्व दान करेंगे।

सुरमा. : तो मैं भी चलूँगी।

विकट. : इसी रूप में ?

(सुरमा नेपथ्य में जाती है और अवधूती बनकर आती है)

सुरमा : अलख अरूप
तेरा नाम, सब सुखधाम,
जीवन ज्योति स्वरूप।
मंगल गान, एक समान,
एक छाया की धूप।।
अलख अरूप
(सब गाते हुए जाते हैं)
(बौद्ध साधुओं का प्रवेश)

धर्मसिद्धि : इतना अपमान ! वह चीनी भिक्षु भयानक पण्डित निकला !

शीलसिद्धि : महायान ! तांत्रिक उपसनाओं से भरा हुआ एक इन्द्रजाल ! उसकी उन्नति ! भगवान तथागत ! तुम्हारे सत्य का इतना दुरुपयोग !

धर्म. : अज्ञान प्राय: प्रबल हो जाता है और असत्य अधिक आकर्षक होता है, किन्तु यह चीनी यात्री और हर्ष दोनों ही इसके प्रधान कारण हैं।

शील. : फिर उपाय ?

धर्म. : उपाय होगा। देखा नहीं–यह दस्युओं का दल साधु बनकर आ रहा है। दान का अतिरुप है यह; जब ऐसे लोग भी उस पुण्यभाग के अधिकारी होंगे, तब वह स्वयं विकृत होगा। चलो महास्थविर से कहना है।

शील. : वे तो अत्यन्त उत्तेजित हैं।

धर्म. : चलो भी।
[प्रस्थान]

चतुर्थ अंक-द्वितीय दृश्य

(प्रयाग में गंगा तट, हर्ष सपरिवार)

राज्यश्री : भाई, भण्डि ने क्या कहा।

हर्ष. : गुप्तकुल का दुर्नाम नरेन्द्र प्राणों के लिए अत्यन्त भयभीत है। वह सन्धि का प्रार्थी है और वह कहता है कि उस हत्या में वेश्या का सम्पर्क था, उसका नहीं।

राज्यश्री : फिर भी वह क्षम्य है। अपना सम्बन्धी है। भाई, जाने दो ! आज हम लोग दान देने चल रहे हैं, क्षमा करो भाई !

हर्ष : तब तुम्हारी इच्छा। मेरा हृदय नहीं क्षमा करेगा, मैं अशक्त हूँ।

(एक दौवारिक का प्रवेश)

दौवारिक : जय हो देव !

हर्ष. : क्या है ?

दौवा. : महाश्रमण पर आज एक भयानक आक्रमण हुआ था, किन्तु वे बच गये।

हर्ष. : महाश्रमण पर ! उपद्रवी पकड़े गये ?

दौवा. : नहीं देव ! वे निकल भागे। ऐसा विदित होता है कि महाश्रमण के प्राण लेने का एक षड्यन्त्र था, जिसके भीतर धार्मिक द्वेष काम कर रहा था।

हर्ष. : धर्म में भी यह उपद्रव ! राज्यश्री, देखो बहन ! सब स्थानों पर क्षमा की एक सीमा होती है– (दौवारिक से) जाओ डौंड़ी पिटवा दो कि यदि महाश्रमण का एक रोम भी छू गया, तो समस्त विरोधियों को जीवित जलना पड़ेगा।

राज्यश्री : चलो भाई ! हम लोग यह महासमारोह दूर से देखें।

(सब का प्रस्थान। दूसरी ओर से दो भिक्षुओं का प्रवेश)

पहला : यही होना चाहिए। अब धर्म नहीं बचेगा।

दूसरा : अब दूसरा उपाय नहीं।

पहला : तो फिर वही ठीक किया जाय।

दूसरा : वह तो प्रस्तुत है।

पहला : तो फिर चलो।

(दोनों का प्रस्थान)

चतुर्थ अंक-तृतीय दृश्य

(प्रयाग का दूसरा भाग, सुरमा का प्रवेश)

सुरमा : जैसे अंतिम अभिनय हो ! आज यह क्या होगा ? इतना बड़ा उत्पात ऐसे ही चला करेगा ? असम्भव है। तो ? मैंने रोक नही लिया, नहीं मानता—हत्या करते-करते कितना निर्दय-हृदय हो गया है ! और मैं कहाँ चल रही हूँ, वही जीवन, किन्तु वह धीर धारा न रही ! ठठा कर हंसना, नाचते हुए स्थिर जीवन में एक आन्दोलन उत्पन्न कर देना, नही, यह कृत्रिम हैं, यह नही चलेगा ! राज्यश्री को देखती हूँ, तब मुझे अपना स्थान सूचित होता है—पता चलता है कि मैं कहाँ हूँ ! चलूँ, रोक सकूँ।

(सुरमा का प्रस्थान। दो नागरिकों का व्यग्र भाव से प्रवेश)

पहला : इतना बड़ा उत्पात !

दूसरा : होम करते हाथ जले !

पहला : ना भाई ! कितने ही ढोंगी घुस आते हैं—अधिक पुण्य भी करने में कितना पाप हो सकता है !

दूसरा : परन्तु वह राजा का प्रताप था ! सुना नहीं कि उस नीच हत्यारे का हाथ काँप कर रह गया।

पहला : पकड़ लिया गया कि नहीं ?

दूसरा : चलो देखा जाय।

[प्रस्थान]

चतुर्थ अंक-चतुर्थ दृश्य

(बुद्ध-प्रतिमा के सम्मुख सम्राट हर्षवर्द्धन और प्रमुख सामन्तगण तथा चीनी यात्री सुएनच्वाग)

(हर्षवर्द्धन सब मणि रत्न दान करता हुआ अपना सर्वस्व उतार देता है)

हर्ष.	:	(राज्यश्री से) दो बहन। एक वस्त्र। (राज्यश्री देती है) क्यों मेरी इसी विभूति और प्रतिपत्ति के लिए हत्या की जा रही थी न ? मैं आज सबसे अलग हो रहा हूँ –यदि कोई शत्रु मेरा प्राणदान चाहे, तो वह भी दे सकता हूँ।
		(समवेत स्वर में)
		(जय महाराजाधिराज हर्षवर्द्धन की जय)
सुएन.	:	यह भारत का देव-दुर्लभ दृश्य देखकर सम्राट् ! मुझे विश्वास हो गया कि यही अमिताभ की प्रसव-भूमि हो सकती है।
		(विकटघोष को लिये हुए प्रहरियों का प्रवेश)
राज्यश्री	:	महा-श्रमण मुझे भी एक वस्त्र दीजिये।
सुएन.	:	सर्वस्व दान करने वाली देवी ! मैं तुम्हें कुछ दूँ –यह मेरा भाग्य ! तुम्हीं मुझे वरदान दो कि भारत से जो मैंने सीखा है; वह जाकर अपने देश में सुनाऊँ ! लो देवि ! (वस्त्र देता है)
		(हर्ष और राज्यश्री एक-एक वस्त्र में खड़े होते हैं)
भण्डि	:	देव, यह दान तो हो चुका, अब मैं भी कुछ माँगता हूँ : न्याय दीजिये।
हर्ष.	:	यह ! साहसिक ! क्यों तुम मेरे प्राण चाहते थे न ?
		(विकटघोष चुप रहता है)
भण्डि	:	देव ! यही नीच है, जिसने कुमार राज्यवर्द्धन की हत्या की थी। मैंने इसे भागते हुए देखा था; परन्तु उस समय मैं नरेन्द्र के पीछे पड़ा था।
हर्ष.	:	क्या ? यही है ?
सब लोग	:	वध करो ! वध करो !!
राज्यश्री	:	ठहरो (देखकर)–मुझे स्मरण हो रहा है। हाँ, वही तो है ! तुम हो शान्तिभिक्षु !
विकट.	:	हाँ देवि !
हर्ष.	:	क्या ? भिक्षु !

राज्यश्री : हाँ, यह भिक्षु था, भाई ! मैंने इससे कहा था –'तुम संयत करो अपने मन की श्लाघा और आकांक्षा का पथ बहुत पहले छोड़ चुके हो' परन्तु भगवान् !

विकट. : वध की आज्ञा दीजिये ! ओह ! प्राण जल रहे हैं। रोम-रोम से चिनगारियाँ निकल रही हैं... दण्ड ! दण्ड ! हे भगवान् !

राज्यश्री : आज हम लोगों ने सर्वस्व दान किया है, भाई ! आज महाव्रत का उद्यापन है। क्यों एक यही दान रह जाय –इसे प्राणदान दो भाई !

(घोष : "देवी राज्यश्री की जय")

सुरमा : (दौड़ती हुई आयी)–मुझे भी महारानी ! स्त्री की मर्यादा ! करुणा की देवी! राज्यश्री ! मुझे भी दण्ड !

राज्यश्री : अरे तू मालिन !

सुरमा : हाँ भगवति ! मेरा प्रायश्चित ?

राज्यश्री : महाश्रमण ! आज सबका प्रायश्चित चित्त-शुद्धिपूर्वक काषाय लेने में है। आप इन दोनों को भी काषाय दीजिये।

(महाश्रमण आगे बढ़कर दो काषाय देते हैं। विकटघोष का बन्धन खोला जाता है)

सुएन. : 'दस्युराज ! मैं रुपये लेकर नहीं आया हूँ। मेरे पास थोड़ा-सा धर्म है और कुछ शान्ति –तुम चाहते हो लेना?' –मैंने यही एक दिन तुमसे कहा था, वही आज भी कहता हूँ।

(विकटघोष और सुरमा दोनों महाश्रमण के पैर पर गिरते हैं; थालों में मणि, आभूषण और वस्त्र लिये कुमारराज, उदितराज इत्यादि आते हैं)

हर्ष. : यह क्या ?

कुमार. : उसी धर्म की रक्षा के लिये बोधिसत्व का व्रत ग्रहण कीजिये। आप भिक्षु होकर लोक का कल्याण नहीं

कर सकते –राजदण्ड से ही आपका कर्तव्यपूर्ण होगा। लोक-सेवा छोड़कर आप व्रत-भंग न कीजिये।

सुएन. : हाँ महाराज ! इस धर्मराज्य का शासन करने के लिए आप को राजमुकुट और दण्ड ग्रहण करना ही पड़ेगा।

राज्यश्री : भाई ! यहाँ त्याग का प्रश्न नहीं है। यह लोक-सेवा है। ऐसा राज्य करने का आदर्श आर्यावर्त की ही उत्तम-श्री है।

(हर्ष नत होकर मुकुट और राजदण्ड ग्रहण करता है –घोष –"जय महाराजाधिराज हर्षवर्द्धन की जय !" "जय देवी राज्यश्री की जय !")

(आलोक–पुष्पवर्षा)

(समवेत स्वर से)

करुणा-कादम्बिनी बरसे ! दुख से जली हुई यह धरणी प्रमुदित हो सरसे।
प्रेम-प्रचार रहे जगतीतल दया-दान दरसे। मिटे कलह शुभ शान्ति प्रकट हो
अचर और चर से।

[यवनिका]